博瑞森图书 BRACE

企业视角 本土实践

变局下的
农牧企业
9大成长策略

彭志雄 ◎ 著

企业管理出版社
ENTERPRISE MANAGEMENT PUBLISHING HOUSE

图书在版编目（CIP）数据

变局下的农牧企业 9 大成长策略/彭志雄著. —北京：企业管理出版社，2014.4

ISBN 978-7-5164-0774-5

Ⅰ.①变… Ⅱ.①彭… Ⅲ.①农业企业—企业发展—研究—中国 Ⅳ.①F324

中国版本图书馆 CIP 数据核字（2014）第 058534 号

书　　名：	变局下的农牧企业 9 大成长策略
作　　者：	彭志雄
选题策划：	刘　刚
责任编辑：	周灵均
书　　号：	ISBN 978-7-5164-0774-5
出版发行：	企业管理出版社
地　　址：	北京市海淀区紫竹院南路 17 号　邮编：100048
网　　址：	http://www.emph.cn
电　　话：	总编室（010）68701719　发行部（010）68414644
	编辑部（010）68701661　　（010）68701074
电子信箱：	emph003＠sina.cn
印　　刷：	三河市文阁印刷厂
经　　销：	新华书店
开　　本：	710 毫米×1000 毫米　16 开本　13.75 印张　146 千字
版　　次：	2014 年 5 月第 1 版　　2014 年 5 月第 1 次印刷
定　　价：	46.00 元

版权所有　翻印必究·印装有误　负责调换

博瑞森图书：企业视角　本土实践

亲爱的读者朋友：

也许您是博瑞森图书的老读者，也许是新朋友，欢迎您阅读博瑞森图书！

当今中国，各行各业都存在着转型升级的压力与机遇。博瑞森图书与您一同应对转型挑战并发现其带来的机遇。

我们一直在问：什么样的书能为您解决管理难题并带来启发？

我们一直在找：哪些作品最能帮助企业从跟随到领先？

我们一直在做：把最好的作品以最便捷的方式呈现给您，纸质版、电子版、听读版、书摘邮件、微信……

我们策划图书的原则是：

● 企业视角——与您一样，做水中的游泳者，而非岸上的观众或教练，企业的困惑就是我们的任务。

● 本土实践——与您一样，立足本土环境，追求卓越实践，传播最适合当下中国企业的管理之道。

针对部分读者朋友提出的"道理都懂了，但还是不知道怎么做"，2014年我们将推出"作者见面会"，内容涉及营销、管理、生产、HR等诸多领域。让来自实战一线的专家作者现场指点、传授。

如果有一天，您把博瑞森图书视为您优秀的事业伙伴、管理助手，我们也就实现了自己的梦想。

博瑞森图书
010－51900529
bookgood@126.com

凡购买本书的读者，都将免费获赠本书精华电子版、相关图书推荐，发送短信"4045"和您的电子邮箱至13611149991即可在两个工作日内收到。

推荐序

中国人民大学教授、博士生导师
北京华夏基石企业管理咨询集团董事长　　彭剑锋

读彭志雄所著的《变局下的农牧企业9大成长策略》一书，可以感受到，他二十多年从事企业经营管理工作朴实的风格，书中奉献给读者的每个字和每个观点，都彰显了他对企业管理的深刻思考和对企业的深厚感情，是其管理实践的智慧结晶。

彭志雄下过乡，大学毕业后在企业从基层干起，摸爬滚打数年成为主管技术副总。1988年，作为优秀厂长，由江西省经委选送到中国人民大学攻读MBA。MBA毕业后，在国有大型企业当过副总。20世纪90年代末，与我一起作为山东六和集团管理咨询顾问，参与指导企业的经营管理工作。他曾在海南省国基企业总公司、海南长实实业总公司、山东六和集团、江西正邦集团和湖南正虹集团工作，担任过总工程师、副总经理、总裁助理、副总裁等职务。彭志雄多年从事企业管理工作，积累了丰富的管理经验，悟出了许多独特的管理之道。我认为，本书有以下几个特点。

(1) 以敏锐目光洞察农牧企业未来发展的挑战和机遇。

中国农牧企业是在农业基础较为薄弱、可耕种土地较为贫瘠以及资源短缺的环境中发展起来的,大多数企业的创业极其艰辛,面临着风险和挑战。农业生产与自然环境、气候变化息息相关,技术和管理异常繁杂,国际上许多工业发达国家实现农业现代化,都经历了一百年,甚至二百多年的历程。中国要想实现农业现代化,还需要长期的艰苦努力。

近年来,国家从宏观战略发展的角度,强调要通过政策支持的方式促进我国农业发展,提出要用现代物质条件装备农业,用现代科学技术改造农业,用现代产业体系提升农业,用现代经营理念引领农业。这意味着中国农牧企业进入了新的历史发展时期,农牧企业在中国的发展将会有更广阔的空间。

(2) 深刻剖析农牧企业在产业化发展中面临的问题。

国内农牧企业经营环境虽然日益向好,但还停留在传统产业和产业链低端,普遍存在发展愿景不明、战略思路不清、技术装备差、管理水平落后、缺乏高素质人才、产品附加值低、结构雷同、缺乏核心技术和自主品牌等问题。加之国内农牧企业规模化生产组织程度较低,产品从"田间到餐桌"的生产、加工、储存、配送和销售等环节信息不畅,质量安全管理不易追溯,增加了管理的难度。

综上所述,作者归纳国内农牧企业在产业化发展中将会遇到的难题,包括产品质量标准与食品安全,生产过程管控与作业优化,规模化生产的组织和管理,人力资源管理策略,产业链的延伸管理,横向发展寻求合作,转型升级与人才队伍建设,品牌建设,企业文化、思想政治工作和制度建设等。

(3) 以问题导向引领农牧企业做好经营管理调控。

中国农牧企业未来发展要抓住机遇，要针对企业的发展阶段，分析经营环境、内部能力和掌控资源情况，规划发展战略目标和达成目标的策略，建立核心竞争力。农牧企业要学习、借鉴现代工业企业规范化、标准化和专业化的生产管理模式，运用科学技术不断优化生产过程，促使农牧业生产稳定、可控和高效，推进农牧企业朝着产业化、规模化和集约化的方向发展。

作者在本书中，对农牧企业未来的发展机遇和挑战做了深入剖析，提出了一些推动农牧企业发展的策略和建议。我相信，有眼力的读者会像我一样，愿意多读几遍，不断从中受益。

自序

中国农牧企业正在迎来前所未有的发展机遇和挑战。

一方面，农产品消费需求的快速提升和当今科学技术的飞速发展，为农牧企业发展开辟了广阔的市场空间，并提供了多种技术路线的选择；另一方面，由于农业生产过程管理极为复杂且当今全球气候变化较大，自然灾害增多，限制了农牧企业的发展。

中国农牧企业是在农业基础较为薄弱、可耕种土地较为贫瘠以及自然资源短缺的环境中发展起来的。在发展过程中，通常会遇到规模化生产的组织和管理、产品质量标准与食品安全、生产过程管控与作业优化、纵向延伸产业链管理、横向联合寻找合作伙伴、人力资源管理策略、转型升级与人才队伍建设、品牌建设、文化建设和制度建设等问题。

我有幸从20世纪90年代末至今在国内多家大型农牧企业从事管理咨询工作，有机会参与并指导了企业从基层业务开展到高层经营决策以及各层面的经营管理工作。对农牧企业的经营管理有了较为深刻的感悟，也与农牧企业建立了深厚的感情，掌握了解决相关问题的方法和套路。在此，我想与读者朋友一起来分享这份财富。

农牧企业管理光靠流程和制度是不完备的，还必须有具备高度责任感和自觉性的员工配合才能真正做好生产和经营管理，这就需要企业文化的引导。管理经营农牧企业需要心细，俗话说"家财万贯，带毛的不算"，这是指农牧企业经营有较大风险，一不小心，可能会由于一场疫病或自然灾害让企业全军覆没。

也许有人会想，农牧企业应该小富即安，保持农家作坊式经营，不追求大的发展就不会有风险。其实，农牧企业市场竞争不逊于其他行业的竞争，不谋求发展很快就要被市场淘汰。一般来说，企业发展通常采取纵向延伸产业链和横向寻找合作伙伴的方式。但国内一些农牧企业纵向延伸产业链总是一条道走到黑，而横向联合也找不到合适的合作伙伴。

要知道，农牧企业纵向延伸产业链只能做经营示范，不能无限制地延伸，否则企业将会失去控制。农牧企业纵向延伸产业链，就是要探索下游企业的经营创新模式，提高产品销量，以便找到横向联合的合作伙伴。否则，你就没办法让合作伙伴相信与你联合经营可以获利。

国内农牧企业要扩大生产规模，就要改变传统的生产组织管理模式，要让分散经营的农民按照企业的产品标准和生产流程，重新组织生产分工和合作，不然，企业将无法保证产品质量安全。农牧企业品牌建设既要强化产品质量管理，又要让产品具有企业文化的含义。农牧企业工作条件较为艰苦，业余生活也是单调枯燥的，如何招聘、用好、培养和留住人才，也是管理的一项重要内容。本书对上述问题进行了较为深刻的剖析，在引导企业如何走出困惑、走向发展方面，做了一些有益的探讨，提出了可供读者参考的意见和建议。

许多发达国家实现农业现代化，经历了一百年，甚至两百年的历程。新中国成立后，我国农业发展取得了举世瞩目的成绩，用占世界7%的耕地养活了占世界22%的人口。但我们还应该清醒地认识到，中国农业要真正实现产业化、规模化和集约化生产模式，我们的路还很长，还需要大家付出长期而艰苦的努力。

近年来，国家从宏观战略发展的角度，提出了要用现代物质条件装备农业，用现代科学技术改造农业，用现代产业体系提升农业，用现代经营理念引领农业。这就意味着中国农牧企业进入了新的历史发展时期。我认为，国内农牧企业要抓住机遇，研究分析经营环境和资源掌控情况，规避发展风险，规划发展目标和行动策略，借鉴现代工业规范化、标准化和专业化的管理模式，优化生产过程管控，实现生产的稳定、可控和高效，推进企业健康、快速发展。

目录

第一章 纵向延伸：打造全产业链经营

第一节 行业大趋势：纵向延伸 / 002

第二节 警惕！纵向延伸中的陷阱 / 005

第三节 纵向延伸的5个要点 / 010

案 例：广州湖滨肉食品公司延伸产业链,构建生态产业 / 017

第二章 横向联合：强强合作

第一节 横向联合的"5项原则" / 022

第二节 联合起来办大事 / 031

案 例：山东柳河集团的战略联盟 / 038

第三章 生产管控：品质保证

第一节 农牧生产：复杂的系统工程 / 044

第二节 生产管控方案设置原则 / 046

第三节 生产流程管控的5个关键点 / 050

案　例：河南楚音农牧集团生猪养殖生产

　　　　流程优化 / 057

第四章 规模化生产：效率之源

第一节 他山之石：发达国家的经验 / 064

第二节 规模化生产的4大本土模式 / 069

案　例：5年5亿元——肉鸡养殖大王的

　　　　成长 / 077

第五章 队伍建设：栽好梧桐树，引来金凤凰

第一节 如何选择、任用、培育和留住

　　　　人才 / 084

第二节 如何培养和激励员工 / 090

第三节 农牧企业如何推行全员绩效管理 / 095

案　例：广东嘉宝饲料公司人力资源

　　　　管理模式 / 105

第六章 转型升级：不同时期的发展选择

第一节 发展初期的企业转型升级 / 111

第二节 中兴时期的企业转型升级 / 114

第三节 鼎盛时期的企业转型升级 / 123

案　例：山东仲汇农牧企业集团的发展转型

升级 / 128

第七章　品牌建设：企业财富的积累

第一节　品牌建设的指导方针 / 134

第二节　品牌建设的思路 / 142

案　例：沽氏农牧企业——"故事鸡"的故事 / 148

第八章　食品安全：是危机也是机遇

第一节　复杂的食品安全问题 / 152

第二节　别人是怎么做的 / 156

第三节　食品安全，我们该怎么做 / 160

案　例：易理乳品集团——一切为了

"放心奶" / 169

第九章　文化建设：构建最强大的动力源

第一节　企业文化的内涵 / 174

第二节　制度是企业文化落地的保障 / 183

案　例：华通集团的企业文化咨询成果 / 189

变局下的农牧企业 9大成长策略

第一章 纵向延伸：打造全产业链经营

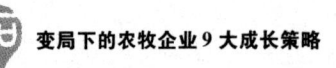

农牧企业的产品利润空间小、中间环节交易成本过高，相互脱节的生产环节降低了企业的市场竞争力，是其选择纵向延伸产业链、摆脱困境、寻求发展出路的主要原因。

拿饲料业来说，产品同质化现象严重，市场竞争日益激烈。传统饲料企业产品销售主要渠道：一是养殖场，二是经销商。多年来，饲料企业为保证养殖场和经销商的利润，产品交易成本居高不下，企业经营极为艰难、苦不堪言。

近年来，国内饲料企业开始向畜禽养殖产业转移，这样既能降低饲料销售交易成本，又能将饲料的技术优势移植到养殖环节，提升了传统畜禽养殖业的市场竞争优势，推动了饲料企业扩大生产经营规模。

因此，农牧企业向熟悉的产业链下游延伸、扩大生产规模是寻求发展的明智选择。

第一节　行业大趋势：纵向延伸

■ 规模化扩张的必然趋势

农牧企业纵向延伸产业链、推进产业化经营、寻求规模扩张发展之路，是农牧企业增强抵抗风险能力、提高市场竞争力的必然趋势。

近年来，虽然我国农牧企业发展较快，但人均产值和生产效率仍低于发达国家水平，尤其是**农村以分散养殖为主的传统农业生产方式**，制约了整个产业向标准化、规模化和集约化的方向发展。

第一章
纵向延伸：打造全产业链经营

与此同时，传统农牧业生产模式下的产品质量不可控，抵御自然灾害能力不足，养殖生态环境日趋恶化等问题日益突出，特别是近年来频发的农产品质量安全事件，使**整个农牧行业面临信任危机**。

面对这些挑战，农牧企业要快速发展，就要改变传统的生产模式，通过纵向延伸产业链扩大经营规模，降低中间产品交易成本，管控大规模生产的产品质量和食品安全问题，保证农牧企业可持续发展。

1996年以来，山东柳河集团的生产规模每年都以超过25%的速度增长，而销售利润率却以每年15%左右的速度下降。不到5年的时间里，该企业的产品销售利润率已经下降到5%以下，企业又一次处于危险边缘。

面对不进则退和严峻的市场挑战压力，2000年以来，该企业选择了纵向延伸产业链，推动产业化发展，扩大经营规模，增强企业抵抗风险的能力。

近年来，开始推行服务营销，改造传统的饲料市场营销网络体系，不是通过经销商销售饲料产品，而是由该企业设在乡村的养殖示范户直接为周边养殖户供应饲料产品。

同时，该企业还聘请了有经验的养殖专家和技术员，依靠饲料销售市场区域分片包干、长年在农村养殖生产一线巡回服务，为养殖户解决畜禽养殖技术难题，并和养殖户一起分析畜禽产品销售的市场行情，与各地养殖户建立了战略合作伙伴关系。既满足了养殖户要求该企业提供服务的需求，也为该企业扩大经营、向养殖产业延伸发展、了解养殖市场动态信息做好了准备。

从2000年开始，山东柳河集团在全省范围内选择养殖旺区，建设现代化的标准养殖场和畜禽屠宰加工厂，示范带动周边养殖户发展现代畜禽养殖产业，推动国内畜禽养殖向现代化方向发展，将饲料产业与畜禽养殖业和肉食品加工产业串联起来，形成了集饲料、养殖、屠宰和食品加工等生产环节为一体的一条龙联动经营管理模式。

经过5年多的努力，该企业集团成为一个年生产销售饲料超过150万吨、年宰杀肉鸡超过10亿只、年产值超过100亿元的大型农牧综合企业集团。

■ 产业集中度从局部提升转向全面提升

近年来，国内许多农牧企业沿着产业链纵向延伸发展，这表明农牧企业市场竞争加剧，产业集中度从局部提升转向全面提升。农牧企业开始引进先进的管理理念和科技成果，提高经营管理水平，改进生产和加工能力，降低中间产品交易成本，增加产品附加值。

以我国饲料业为例，2008年，我国饲料业产值同比增长8.51%，但全国饲料企业数量却自2006年以来连续3年下降，仅2008年就下降了11.47%，产业集中度不断提高。这不仅带动了上游饲料加工机械技术研发和玉米、大豆等原料的生产发展，也推动了下游畜牧养殖和畜禽产品深加工产业的发展。

通过对产业链的有效整合，企业降低了各个产业环节上的交易成本，提升了传统产业的市场竞争力和经营效益。

据农业部统计，2007年，全国出栏50头以上的规模养猪专业户和商品猪场，出栏生猪占全国出栏总量约48%；2008年，这一比例达到62%。这表明我国生猪规模化养殖开始超过散养的比例，意味着我国农业经济开始转型，农牧业生产正加速从传统的庭院经济、散养模式向专业化、标准化和规模化的方向转型。

第二节　警惕！纵向延伸中的陷阱

■ 中间产品内部交易、缺乏市场竞争的隐患

农牧企业纵向延伸产业链，形成一条龙的经营模式，存在中间产品内部交易、缺乏市场竞争的隐患。

比如，肉鸡生产过程中有鸡苗、饲料、兽药、毛鸡和养殖辅料等产品的内部交易，如果交易双方只是数量的交割，不计算成本，各环节的生产管理人员就不能感受到市场竞争压力。久而久之，生产就会出现浪费现象，生产成本居高不下，企业也就失去市场竞争力了。

要解决这些问题，一条龙经营的农牧企业就要有市场竞争压力，要让企业内部各生产环节在交换产品时，按照产品的质量和市场价格进行结算，将结果列入绩效考核，并把绩效考核与相关管理人员的薪酬挂钩。

山东欣盟肉食品有限公司是一家外资肉鸡养殖农牧企业，1996年进入山东肉鸡养殖产业，经营肉种鸡繁育、饲料生产、现代化肉鸡养

殖、屠宰和食品加工等一条龙业务，肉鸡产品主要是出口到欧盟和日本等。

由于当年在山东很少有当地肉食品企业能够把产品出口到欧盟和日本，山东欣盟肉食品有限公司很快就在山东的临沂、济宁和菏泽等地，得到了当地政府的大力支持，并免费获得了当地政府提供的土地，建立了肉鸡产品生产基地，还得到了优惠的流动资金贷款。当年生产的第一批肉鸡产品出口欧盟，也很快取得了利润。

但第二年以后，由于其他企业的跟进，该外资农牧企业在山东各地有了竞争对手，生产效率和经营效益一年不如一年，没过几年，该外资农牧企业就倒闭走人了。

原来山东欣盟肉食品有限公司采取封闭式一条龙经营，肉种鸡、饲料加工、肉鸡养殖和屠宰加工等生产环节衔接都采用工业流水线和计划经济的模式。

种鸡场、饲料厂给养殖场提供鸡苗和饲料，养殖场收到鸡苗和饲料后，将其养成商品鸡，然后交给屠宰场加工成鸡肉分割产品。一个生产环节结束后，由下一个生产环节接着干，中间环节交接只计算数量，在交接过程中，质量和成本都被忽视了。最后到产品要上集装箱、准备出口前，才会计算产品成本。

这时候，只能倒过来计算鸡肉生产的投入和产出，如果出现了问题，再追究各个生产环节的责任就难了。因为出现肉鸡养殖成活率低、肉鸡体重参差不齐等问题，养殖场会以饲料厂的饲料不合格、种鸡场的鸡苗质量不好为借口。饲料厂和种鸡场不面对市场，就很难评价质量。

■ 技术复杂度和资本密集度迅速提高

农牧企业纵向延伸产业链，发展畜禽养殖、饲料、兽药、屠宰和食品加工等生产，这使得农牧企业涉及的技术复杂度和资本密集度迅速提高。

由于一条龙经营的农牧企业生产周期长、资金占用时间较长，过高的资金密集度和较低的资金使用效率使农牧企业资金成本过高，也使农牧企业容易失去原有的市场竞争力。

因此，要告诉国内农牧企业一个道理：纵向延伸产业链、扩大生产规模，只能做一些产业链下游的熟悉业务，探讨经营管理创新示范，目的是带动周边其他企业和农户，提升本企业主营产品的销量，同时寻求战略合作伙伴，但不能无限制地纵向延伸产业链。否则，农牧企业就会处于管理失控、亏损的边缘。

山东柳河集团纵向延伸产业链，从饲料加工业进入肉鸡养殖业，前期目标是为了快速扩张饲料生产的经营规模，增强该企业在饲料市场的竞争优势。

它的做法是通过建设现代化养殖场，给当地养殖户做养殖示范，增强他们的养殖技术，提高他们的管理水平，防止大规模生产出现产品质量问题。

山东柳河集团还采用饲料专用车辆，为本企业建设的养殖示范场和养殖户直供饲料，目的在于减少饲料经销商经手后产生的中间环节销售费用，把饲料生产经营的价格优势和技术专长传递到养殖产业，增强养殖产业的市场竞争优势。

山东柳河集团这样做，既减少了养殖中间环节的交易成本，还参照国际先进养殖模式，建设现代化规模养殖场，提高了养殖户的生产管理水平，保证了肉鸡产品的质量和食品安全。

山东柳河集团在延伸产业链、扩张生产经营规模的过程中，抓住养殖产业链中种鸡繁育、饲料、屠宰和食品加工等关键生产环节，建设种鸡繁育场、饲料加工厂、肉鸡屠宰和食品加工厂，指导当地农民养殖肉鸡、回收养殖户的所有活鸡，经屠宰加工后销往各地市场。

而山东柳河集团在建设规模化示范养殖场时，省内有影响力的养殖旺区采取点缀式的做法，投资建设一些标准化规模的示范养殖场，为当地养殖户做生产管理表率。然后，要求当地养殖户根据这种养殖模式和产品质量标准，与企业签订养殖合作协议。该企业为养殖户提供鸡苗、饲料和兽药，并负责收购他们的商品肉鸡。企业的目的是在当地养殖市场找到更多的、使用自己饲料产品的养殖户，与他们结成战略合作伙伴，从而出售更多的饲料、鸡苗和兽药，扩大经营规模，获得更高的经济效益。

山东柳河集团没有无限制地延伸产业链，它知道自己掌控的资源是有限的，如果无限制地延伸产业链，对企业来说是不理智的，很有可能导致管理失控。

■ 无限延伸，资源整合越来越困难

农牧企业纵向延伸产业链，产业链拉得越长，需要掌控的生产技术

第一章
纵向延伸：打造全产业链经营

就越难，经营管控越复杂，市场竞争对手越多，资源整合越困难。就像一家饲料企业向养殖业延伸成功，再向食品深加工方向延伸，就会遇到很多困难。原因是企业资源有限，很难匹配到位，开发客户和市场管理有困难等。

饲料企业向食品加工业延伸，终端客户是食品消费者，把饲料品牌移植到食品行业上，很难让消费者认同。饲料企业经营习惯于成本领先，市场竞争爱打价格战，而食品市场的消费者对价格并不敏感，他们更关注产品的品质和安全。食品是直接消费品，而饲料是生产中间投入品，两者的销售方式、渠道建设和品牌管理等存在极大的差异，对经营管理者的要求也有所不同。因此，**农牧企业纵向延伸产业链要适度，不能一味地强调全能、无限度地延伸产业链。**

山东柳河集团延伸产业链，初期从饲料加工业进入肉鸡养殖业取得了很大的成功，实现了快速扩张生产经营规模、增强企业市场竞争优势的目的。但是，当该企业继续向肉食品深加工推进，生产烤鸡、鸡肉串、肉丸和鸡肉松时，遇到了极大的困难。

首先是生产产品的技术标准问题。中国人喜欢吃新鲜鸡肉，过去很少吃烤鸡，国内没有鸡肉熟食产品标准。鸡肉熟食产品主要出口欧盟、美国或日本，要按照欧盟、美国或日本的食品标准生产产品。这也就是说，要做熟食产品不请"老外"就不行。该企业讨论起来就没完了，有说美国口味好，请美国师傅；有说日本口味好，请日本师傅……

这可让企业领导头痛了，咨询了国家肉食品生产相关管理部门，发现生产鸡肉熟食产品还涉及生产基地的规划、环评、土木工程建设、熟食加工设备引进等巨额投资，面临着出口肉鸡产品生产养殖基地建设和验收、食品加工技术员引进和操作工人的培训、鸡肉食品商标注册和品牌建设等一系列的问题。

该企业董事会经过研究，不畏惧上述困难，同意投资、开发鸡肉熟食产品。盖厂房，买专用设备，聘请熟鸡肉食品加工师傅，培养新员工等，新组建的鸡肉熟食生产部忙坏了。应该说，该企业还是比较聪明的，因为他们是从麦当劳、肯德基提供肉鸡熟食产品半成品这个阶段进入这一行业。

按照美国食品企业的要求腌制鸡翅半成品，但是麦当劳、肯德基不让外人插手生产技术，该企业为美国公司打了半年"下手"，连腌制鸡翅的原料名字都不知道。这时，该企业才清醒过来，知道做鸡肉熟食产品不是一件容易的事情，只好草草收场，甘愿为麦当劳、肯德基供应鸡肉鲜品，自己不再生产熟食产品了。

第三节　纵向延伸的5个要点

■ 要点1：产品外包、联合生产、加盟合作

农牧企业纵向延伸产业链，扩大生产规模，可与其他企业或个人采取产品外包、联合生产和加盟合作等方式，这样既降低了资本密集度和经营风险，又能发挥资源整合优势。

山东有些种禽养殖企业，就采用产品外包或合作生产的方式；一些

第一章
纵向延伸：打造全产业链经营

典型的轻资产、一条龙模式、重经营的农牧企业，都有丰富的与其他企业联盟合作的经验。

山东柳河集团纵向延伸产业链，扩大生产经营规模，抓住了产业链关键的生产环节，积极建设与产品市场对接、与终端消费者联系的纽带。

山东柳河集团在发展肉鸡养殖一条龙经营过程中，投入巨资建设包括生产优良品种商品肉鸡的种鸡繁育场、能够加工全价精确营养的饲料生产工厂、高效率的肉鸡屠宰和食品加工厂；将肉鸡养殖交给当地养殖户，并与其签订养殖合作协议，为养殖户提供良种鸡苗、营养丰富的饲料，并保证全部回收养殖户的所有肉鸡产品。

山东柳河集团有选择性地在养殖旺区建设规模化的现代养殖示范场，指导和带动养殖旺区的肉鸡养殖户，提高他们的肉鸡养殖技术和管理水平；与养殖户结成肉鸡产品联合生产、共担风险、共享利益、共同发展的战略联盟合作伙伴关系。同时，不断强化生产过程管理，以满足肉鸡消费市场对产品日益提升的质量和安全要求。

当然，从经营目的来说，该企业还是为了在市场上寻找到更多使用自己产品的养殖户，与他们结成风险共担、利益共享的合作伙伴，形成企业稳定的客户群体，以便出售更多的鸡苗、饲料和兽药，使企业获得更大的市场空间。

■ 要点2：引入市场竞争机制

引入市场竞争机制，消除经营管理中的惰性和低效率，改善绩效考核机制,建立员工绩效考核科学评价体系。

采用一条龙模式经营的企业要将发展战略目标分解、落实到纵向延伸产业链的各个环节中,让参与生产经营的每位员工,都知道自己的工作责任,节约每一份资源。

山东柳河集团纵向延伸产业链,加强肉鸡养殖一条龙经营,投入了巨资建设了优良品种的肉种鸡场、现代化规模养殖示范场、精确营养饲料生产加工厂、肉鸡屠宰和食品加工厂,组成了包括优良品种鸡苗生产、规模化现代标准肉鸡养殖、营养精确饲料产品加工、回收养殖肉鸡产品屠宰加工等一条龙生产经营。

该企业对上述一条龙的生产经营过程管理,引入了内部模拟市场竞争的管理机制,消除了员工的工作惰性和低效率,将企业当年的经营目标分解、落实到产业链的各个生产环节、各级管理人员和基层员工上。

(1) 要求上述生产单位都要面向市场、走向社会,开发客户,销售自己的产品。

(2) 允许本企业自建规模化标准肉鸡养殖场。受质量和价格影响,可以自己选择市场采购所需产品,不使用本企业的鸡苗、饲料和兽药。

(3) 要求本企业自建的肉鸡屠宰场在收购本企业自建肉鸡养殖场的商品鸡时,一定要先确定收购价格,在养殖鸡舍前过磅收购毛鸡。

(4) 推进全员绩效考核管理,将所有良种种鸡场、标准养殖场、饲料加工厂、屠宰和食品加工厂,以及各级管理人员和基层员工的绩效考核与本人的收入挂钩管理。

■ 要点3：聚焦自己最擅长的产业环节

农牧企业纵向延伸产业链，扩大生产经营规模，不是把产业链的每个环节都做好，而是要把自己最擅长的环节做好。

农牧企业扩大生产经营规模，要选择产业链中自己最擅长、最适合自己专业特长和最有发展前景的生产环节，加大投入，着重掌控这一环节的有效资源，占领市场制高点，建立本企业最强的市场竞争优势。

国内一条龙经营的农牧企业扩大经营规模，大多是控制产业链的关键生产环节，做好自己最擅长的产品，增强质量管理，建立资源优势，打造企业的核心竞争力。

山东柳河集团纵向延伸产业链，进入肉鸡养殖产业领域，投资建设了优良品种的种鸡场、规模化畜禽养殖场、全价饲料厂、兽药生产厂、肉鸡屠宰和食品加工厂，形成了包括良种鸡苗生产、规模化肉鸡养殖、饲料加工、兽药生产、肉鸡屠宰和食品加工一条龙生产经营模式，很快扩大了生产经营规模。

但是，该企业非常清楚自己在全产业链中最擅长的生产环节还是饲料加工。

该企业从事饲料生产销售已有20多年的历史，按照饲料产业的布局，在全省乃至全国建立了100多家饲料生产加工基地，饲料产品销售网络遍布整个饲料市场。企业的管理人员、技术员、生产和销售人员经过多年的历练和磨合，已成为业界精英，在操控饲料企业的生产、管理和销售方面得心应手，在饲料产业已形成了一定的市场优势。

该企业进军畜禽养殖产业，建设现代化的畜禽养殖场，朝着饲料产品销售的方向，做推进科学化养殖、使用饲料产品的示范。山东柳河集团换了一个方式做饲料产品的推销，让养殖户更加放心地使用该企业的产品，从而扩大了市场占有率。

■ 要点4：实现人才聚集和企业转型升级

农牧企业纵向延伸产业链，要从中间产品生产者转变为终端消费品的供应商，企业的产品、竞争对手、目标市场和客户群体都会发生巨大变化。企业要着手开发一系列的新产品投入市场，维护和管理好新客户群体，就要引进新的人才。同时，企业也要重新梳理和升级相应的组织架构、业务流程和管控流程。

山东柳河集团从2000年开始，全面引进美国先进的肉鸡养殖模式，在山东省内陆续建设了100多个规模化现代肉鸡养殖场。该企业从以饲料加工为主业转变为涵盖种禽繁育、肉鸡养殖、饲料加工、动保和肉鸡屠宰加工等一条龙经营的企业。

山东柳河集团的产品、市场、客户等都发生了巨大的变化，促使其加快了推进人才结构调整和资源配置优化的战略转型工作。

该企业高层管理团队认为，要做好上述工作，首先要加快引进畜禽养殖的专业人才，同时，要加强对转行进入畜牧养殖产业的员工的岗位技能培训。

该企业与山东农业大学、山东省畜禽研究所等单位协商，开展了相关的科研合作和人才培养工作，还与美国家禽养殖协会达成了技术引进协议。

该企业高管层认识到，经营畜禽养殖这个崭新的业务板块会遇到难以想象的困难。因此，企业加快组建了畜禽养殖事业部，对引进专业人才、培训养殖技术骨干人员、选择养殖场地、规划和设计养殖场的投资方案、确定预算和建设管理方式等多方面的工作做了相应部署，踏踏实实地推进企业向养殖产业转型、建设专业化技术和管理团队的每一项工作。

■ 要点5：做好"公司+基地+标准农场"生产经营管控

农牧企业纵向延伸产业链，要做好生产流程管控。企业既要做好新产品研发和相关技术服务，又要推进"公司"的生产"基地"建设，指导养殖户建设"标准农场"，形成"公司+基地+标准农场"的经营管理模式，做好"公司+基地+标准农场"生产流程各环节的衔接和生产经营管理，为畜禽屠宰和食品加工提供优良的初级产品。

山东柳河集团建立"公司+基地+标准农场"的生产经营模式，推进科学化管理。该企业以抓好统领整个生产、经营和管理的"公司"建设为中心，在"公司"设置市场部、生产部、技术部、销售部和综合管理部，推动"基地"和"标准农场"的建设，加强"公司+基地+标准农场"的各项管理工作。

该企业设立的"公司",一般由肉鸡屠宰加工厂的总经理负责,管理"基地"所有的良种种鸡场、规模化养殖场、饲料厂、兽药厂和与"公司"签订了合作协议的"标准农场"。

山东柳河集团所属"公司"肉鸡屠宰场做月度生产计划,安排"基地"的种鸡场为自建的规模化养殖场和与"公司"签订了合作协议的"标准农场"提供鸡苗;饲料厂为规模化养殖场和与"公司"签订了合作协议的"标准农场"提供饲料;兽药厂为规模化养殖场和与"公司"签订了合作协议的"标准农场"提供兽药;肉鸡屠宰场负责收购自建的规模化养殖场和与"公司"签订了合作协议的"标准农场"生产的商品肉鸡,经屠宰加工后由"公司"设置的销售部负责肉鸡产品的销售工作。

同时,山东柳河集团规定:

(1)"基地"种鸡场以鸡苗养殖的市场平均成本加2.5元/只的价格,给自建的规模化养殖场供应鸡苗;按"公司"与"标准农场"签订的合作协议供应鸡苗。

(2)饲料厂以市场认可的料肉比和产品平均配方成本,增加工费80元/吨的价格,为自建的规模化养殖场提供饲料;按"公司"与"标准农场"签订的合作协议供应饲料。

(3)兽药厂以产品生产平均成本加20%的价格,为自建的规模化养殖场提供兽药;按"公司"与"标准农场"签订的合作协议供应兽药。

(4)肉鸡屠宰场要在"标准农场"养殖成活率98%、饲料报酬率1.2以内、兽药0.5元/只的基础上,保证"标准农场"盈利1.5元/只,签订养殖生产销售合作协议。

第一章
纵向延伸：打造全产业链经营

案例：广州湖滨肉食品公司延伸
产业链，构建生态产业

广州湖滨肉食品公司原是一家生猪屠宰企业，考虑到生猪产品质量关系到消费者身体健康和生命安全，该公司从长远发展的要求出发，自2008年延伸产业链，构建"公司＋基地＋农户"的生态产业经营模式，实现了从生猪饲养、屠宰加工、冷链物流配送到销售终端等生产环节全程无缝隙的监管，最大限度地保证了生猪产品的质量。

■ 将"亚运会标准"常态化

广州湖滨肉食品公司从2008年开始，着力构建生猪产业链、产品质量安全保障体系，从生猪养殖的源头入手，先后投资20多亿元，建立了包括良种猪繁育、生态养殖和生物安全防控等几十个生猪生态养殖农场。

该公司的生猪生态养殖农场对生产全程实施了生物安全监控管理。从母猪配种、妊娠和产子管理到仔猪保育、选种和育肥直至出栏，包括疫苗接种、饲料和兽药投放，以及栏舍环境卫生等，全都按照生猪生态养殖要求管理，从而保证了生猪产品的品质要求。

2010年，该公司接受了亚运会组委会的要求，为亚运会提供猪肉食品。该公司按照亚运会对猪肉食品的标准要求，从生猪养殖、屠宰加工、产品检验和冷链运输等方面强化管理，确保了亚运期间运动员的食品质量安全。曾经做过美国总统大厨的广州亚运会餐饮厨房总监，在评价亚运饮食安全时也充满自信地表示："运动员食材从农场到餐桌，各个环节都实行了监控，足以保证食品安全。"其中，也包括对该公司工作的肯定。

广州湖滨肉食品公司在总结亚运会期间对生猪产品生产管理工作时，感觉为亚运会提供猪肉食品，进一步强化了公司的生猪生态养殖各项工作。从此，该公司就提出了推动"亚运会标准"在工作中常态化，努力将"亚运会标准"推向整个生猪产业。几年后，该公司形成了一条贯穿生猪养殖全产业链，严格实行标准化的流程管控模式，成为国内生猪养殖行业的标杆企业。

此外，该公司还注重强化内部生产管理和质量控制。在"新鲜营养，健康生活"理念的引导下，该公司严格贯彻、执行国家法律、法规，推行国际市场食品安全标准，将生猪养殖、屠宰加工、贮藏、冷链流通和销售等每一个细小环节，都纳入严格的质量监控体系，实现产品从生产源头到销售全程有效监控，把产品质量标准和食品安全要求落到实处。

■ 从国外引进先进设备和技术

广州湖滨肉食品公司的养殖农场，除采用现代化的生猪养殖栏舍和生物安全监控系统外，还配有美国进口的生猪饲喂电子管理系统，能够准确地记录生猪养殖过程中，每头猪每天采食饲料的时间和数量，生猪养殖过程管理和饲喂模式达到了国际先进水平。这也是从源头上管控，保证生猪产品不含违禁添加剂、瘦肉精、药残等有毒有害物质。

该公司在生猪屠宰加工环节推行现代化的生产方式，从日本、德国、美国等国家引进高温火腿肠生产线、低温肉制品生产线、屠宰冷鲜分割生产线，并建立了严格的质量安全检测体系，设置100多项检验指标，确保出售的生猪产品质量。

同时，该公司还在国内建立了完善的生猪产品销售网络，在全国设有245家产品销售处、几千家冷鲜肉专卖店，所有产品实现了全程冷链配送，保证了渠道供货的安全性。

该公司冷鲜肉的生产工艺实现了自主研发，冷鲜肉产品在快速预冷的基础上，精细分割、全程冷链配送，处于国内同行业的领先地位。

广州湖滨肉食品公司生产和管理全面发展，成为猪肉食品行业的标杆企业，现有员工3万多人，在日本、俄罗斯和新加坡等国家和香港地区设有分公司或办事机构，于2001年在境外上市，是国内151家农业产业化重点龙头企业之一。

该公司在发展过程中，始终坚持以人为本的经营理念，为丰富员工生活，篮球、乒乓球、台球等体育设施一应俱全，并且在员工宿舍内配备有线电视、宽带网络。员工素质和技术培训已常态化、制度化，学习成绩是员工的一项重要考核内容。

目前，该公司"公司＋基地＋农户"的产业化经营模式，在山东、黑龙江、吉林等省市共建立了11个生产基地。据测算，该公司养殖基地年出栏生猪180万头，可以使5000个家庭成为年出栏360头育肥猪的专业户，有效地提高了当地农民的收入。

变局下的农牧企业 9 大成长策略

第二章　横向联合：强强合作

随着经济发展，中国传统农牧企业"对外封闭，思想僵化，体制上大而全、小而全"等落后的生产组织和管理模式，其效率低下，产品质量没有保障，产品品种单一，缺乏创新，很难让消费者满意。

当国外一些先进的大型农牧企业进入中国市场时，国内农牧企业无法与之竞争。国内农牧企业要寻求横向强强联合，找到合作发展的联盟伙伴，发挥各自优势，联合创新产品，增强市场开发和竞争的能力，不断满足当代消费者日益提升的产品质量要求。

第一节　横向联合的"5 项原则"

■ 原则 1：联合的基础是利益

联合的利益来源于发展，相互信任取决于各方的行为规范。联合各方要综合考虑眼前利益和长远利益，要兼顾局部利益和全局利益，要在确定发展战略目标、安排各方利益的同时，明晰各方的职责和行为准则，在取得效益的过程中，巩固合作关系。

山东玖莲农牧企业和山东春晓农牧企业是肉鸡产品出口型农牧企业，两家企业生产经营规模差不多，都经营肉鸡养殖、饲料加工和肉鸡屠宰业务，其肉鸡产品除在国内销售外，还出口日本、沙特阿拉伯和欧盟等国家和地区，两家企业在当地肉鸡养殖业小有名气。两家企业开展横向联合以前，在肉鸡产品国内销售和出口市场上互不相让，最后两败俱伤。

有一次，两家农牧企业向沙特阿拉伯出口肉鸡产品，找的代理机构是青岛的同一家公司。这家出口代理公司接受出口沙特阿拉伯肉鸡产品的业务时，发现两家农牧企业暗自较劲，不停地杀价。最后，大家都没有了利润，但两家企业都没有提出退单，都表示要履行产品出口承诺，不让青岛代理公司丢失客户。

青岛出口代理公司非常了解两家农牧企业的实力，考虑到今后与两家农牧企业合作的需要，出面将两家农牧企业董事长请到一起，告诉他们这单肉鸡产品出口业务，沙特阿拉伯给的价格是他们杀价后最终报价的一倍，希望他们和睦相处，坐下来协商。

当两家企业董事长坐到一起后，都感觉不好意思，心想面对如此激烈的产品市场竞争，做企业怎能够小孩子气呢？当两只手握在一起时，彼此有了合作联盟的想法。

最后，在青岛出口代理公司的撮合下，山东玖莲农牧企业和山东春晓农牧企业正式达成联合出口的意向。青岛出口代理公司将上述出口业务一分为二，让两家农牧企业同时生产加工，并且将产品离岸价格上调了30%，两家农牧企业从此开始了联盟合作。青岛出口代理公司也就成了两家农牧企业"联姻"的红娘。两家农牧企业在多方面达成一致：

（1）两家农牧企业自觉来往，建立了相互学习、互相帮助的合作机制。

（2）协商在国内同一区域市场的产品价格保持一致。

（3）在各自的客户面前不相互毁谤，不以降低价格的方式抢夺对方的客户。

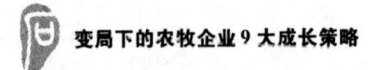

（4）两家企业出口产品都请青岛代理公司出面协商，谁先获得信息谁主导出口。

（5）产品出口报价由青岛代理公司全权负责，利润分配比例2:8，青岛公司得"2"。

（6）山东玖莲农牧企业和山东春晓农牧企业承诺以后所有出口业务都由青岛代理公司办理，不再找其他代理公司办理业务。

■ 原则2：合作要有规则约束

国内农牧企业开展横向联合，各方既要保持原有的经营活力，又要遵守合作规则。合作经营项目选择要满足各自发展的需要，要成立管理协调委员会，建立相应的规章制度和决策程序。国内农牧企业联合经营的成功经验如下：

（1）建立了有效管理的组织机构。

（2）确定了联合发展的目标。

（3）制定了相关政策和管理制度。

还是以山东玖莲农牧企业和山东春晓农牧企业为例，它们在合作中就保持了各自的经营活力，合作成立了产品出口销售部，制定了产品出口力争达到总销量50%的奋斗目标。

每个月，两家企业都要召开一次出口产品销售协调会，双方销售部经理互通产品出口销售市场信息，后来逐渐被双方商议设定的电子邮件报表取代。

但两家主管产品出口业务的副总经理，每月至少会与青岛代理公司见一次面，总结当月出口产品市场销售情况，商量下一个月的出口销售计划。

两家农牧企业还建立了相互学习、互相帮助的合作机制，特别是面对出口产品生产管理，两家企业在商议如何应对国际市场的同时，也协商共同采购设备、培训工人等事宜。

两家企业协商确定在国内同一区域市场保持同一产品价格一致；相互约定调整产品价格之前，要互相通报价格调整信息；约定双方同一产品的市场底价差距不超过3%。如果发现对方价格差违反约定，就相互通报对方，及时纠正。

山东玖莲农牧企业和山东春晓农牧企业约定，在产品市场开发中不相互毁谤、不以降低价格的方式抢夺客户。如果发现对方的业务员有违规的行为，一次警告、二次罚款、三次开除，企业双方还约定，不允许聘用对方解雇的员工。

两家企业的产品出口计划逐步改为由青岛代理公司统一按月编制，合理分配给两家农牧企业，产品出口信息统一由青岛出口代理公司收集整理。

■ 原则3：从实际出发，追求联合效果

企业开展横向联合要从实际出发，追求合作效果。**扩大经营规模，提高经济效益和社会效益是企业横向联合的工作重心**。开展横向联合既要考虑各方发展需要和市场互补性，又要考虑各方的承受能力，横向联

合并非步伐越大越好，时间越快越好。横向联合近期发展要符合长远发展的要求，局部发展要服从整体发展。

山东玖莲农牧企业和山东春晓农牧企业成立了联盟合作的产品出口销售部，合作开发肉鸡产品国际市场。两家企业当年分别出口了716个和718个标准集装箱的鸡肉产品，肉鸡产品出口销售总额超过1亿美元，比上一年度增长了30%，利润达到8500万元，比上一年度提高了40%以上。

这得益于两家农牧企业联盟合作、相互学习、互相帮助，共同开发国际市场、推进产品生产，使产品出口工作有条不紊地展开。双方在生产过程中，还开展了"比、学、赶、帮"的活动，出口产品质量稳步提高。

青岛出口代理公司对两家农牧企业的良好合作，看在眼里，喜在心里，在与外商洽谈产品出口业务时，心里也特别踏实。因为**两家农牧企业都在暗暗地比较着，生怕自己的产品做得不好落下坏名声，影响产品出口。**

当然，青岛出口代理公司也没有闲着，在帮助这两家农牧企业强化质量管理的同时，及时做好与海运公司联系产品出口的订舱工作，并根据产品出口的需要（根据外商要求）做好产品商检，确认产品出口随行资料、产地证明等，办理海关手续，提供发票、装箱单及客户要求等资料。

这两家农牧企业合作步伐迈得比较稳，它们在联合出口肉鸡产品相关工作的推动下，也开始考虑合作生产，充分发挥各自生产加工的特长，把一部分自己加工得不是很熟练的产品交由对方生产，以期获得更有保障的产品质量。

■ 原则4：尝试各层面的交流合作

国内农牧企业开展横向联合，在采购、生产、销售、财务、人事和信息管理等方面，加强与其他企业的交流与合作，可提升企业在计划、组织、协调和管理方面的能力。农牧企业横向联合就是对外展示企业文化、生产能力、员工心态和市场竞争能力，因此，横向联合只有高层管理的协调还不够，还要有各级管理部门和员工的密切配合和共同努力。

山东玖莲农牧企业和山东春晓农牧企业的第一年产品出口销售总额就超过了1亿美元，以后每年销售额增长都超过了30%，第二年达到了1.3亿美元，第三年超过了1.7亿美元。

两家企业在经过几年的产品出口合作后，开始在科研和技术方面寻求合作，共同探讨防范肉鸡产品中的兽药残留问题，如何处理肉鸡胴体病原微生物、肉鸡粪便和养鸡场废弃物对环境污染问题；共同解决饲料产品在加工和运输过程中的卫生安全问题，完善畜禽产品质量标准和保证食品安全。

两家农牧企业开展了在肉鸡养殖方面的信息交流，包括公开毛鸡产品采购区域、价格，交流鸡肉养殖过程中使用兽药的情况，如何强化收购毛鸡的质量检测措施，交流如何推进肉鸡产品深加工的方法，力争为消费者提供营养、卫生、新鲜、美味的分割低温鸡肉制品。

在合作过程中，两家农牧企业发现，国内畜禽产品的生产加工技术还很落后，绝大多数畜禽产品加工还停留在初级水平，冷鲜产品保鲜期和摆货时间比国外同类产品短，产品附加值很低，这说明企业的生产组织、加工技术和工艺装备很落后。因此，两家企业开始联合采购设备，改进生产工艺，培训员工，提高生产技术和管理水平。

两家企业在落实肉鸡产品出口生产计划时，就统筹安排自己的养殖肉鸡计划，与养殖户签订养殖合同鸡计划，两家企业统一安排生产，相互抽验装箱产品。合作已变为由双方基层生产管理部门按计划执行的模式，而不仅是高层管理人员一般的沟通与交流。

■ 原则5：共享知识和技能

农牧企业实施战略联盟、开展横向合作，要充分考虑双方的利益和成本；要通过合作联盟相互学习，共享双方的知识和技能。同时，要降低同行业联盟带来的风险，如技术泄漏、产品同质化、客户流失和员工跳槽等。

农牧企业实施战略联盟合作，要科学地制定战略联盟规划，从市场资源、产品技术、商标品牌、财务状况、企业文化等方面入手，全面考察双方资源的交叉性和兼容性，谨慎筹划合作联盟具体的形式和内容。

建立战略联盟，维持各方良好的合作关系要注意以下事项：

（1）建立合作各方联络人制度，保持联络人的连续性，明确划分合作各方的责任、权力和利益。

（2）合作各方具有足够的弹性，参与合作联盟各方都有能随时退出合作的权利。

（3）预防矛盾，加强合作各方的信息交流和决策前的调研分析。

（4）建立合作各方内部信息交流科学、灵敏的信息系统。

（5）开展对合作各方利益变化的动态监测和评估工作，及时解决各种矛盾和冲突。

湖南翔达农牧企业集团设计未来5年的发展计划，想在湖南做一篇生猪产业的文章，引进美国的原种生猪，在长沙等地建设原种猪场，在湖南全省各地规划建设祖代生猪扩繁场，为湖南各县种猪养殖户提供父母代种猪，并为湖南各地生猪养殖户提供商品仔猪。由养殖户育肥生猪，经企业收购屠宰加工后，推向市场，为消费者提供猪肉产品。

湖南翔达农牧企业集团原先从事肉鸡养殖、饲料生产、肉鸡屠宰加工和肉鸡食品加工业务，虽然年产值已经达到了20亿元，实现利润8500万元，但是进入生猪养殖产业，新增加投资巨大。

初步计算进入生猪产业的投资如下：

（1）从美国引进2000头原种猪需要投资1亿元。

（2）在长沙建设原种猪生产基地，土建工程的投资需要8000万元。

（3）在湖南各地级市建设5个祖代生猪扩繁猪场需要投资1亿元。

（4）在湖南各县级市建设30个父母代种猪场需要投资3亿元。

总投资需要5.8亿元，湖南翔达农牧企业集团打算自筹1.5亿元，从银行贷款1亿元，但资金预算的缺口仍然很大。

四川兴旺农牧企业集团得知湖南翔达农牧企业集团投资发展生猪产业缺少资金的消息，立即与其联系。双方洽谈以收购股权的方式合作开发湖南的生猪产业，最后，双方达成协议：四川兴旺农牧企业集团以3.3亿元现金购得湖南翔达农牧企业集团45%的股份，参与开发湖南的畜禽产品市场。

湖南翔达农牧企业集团获得四川兴旺农牧企业集团的投入资金后，得到了当地政府的大力支持，取得了在当地发展养殖的建设用土地使用权，并获得了政府支持农牧企业发展的贴息流动资金贷款。很快，它们在长沙建设了全国第一家与美国生猪协会全面开展技术合作，联网在世界各地销售产品的曾祖代原种猪场，并在株洲、郴州、怀化、常德和岳阳建设了祖代良种猪扩繁场，在衡阳、湘潭、益阳、邵阳和永州等地建设了30多个父母代良种猪场。为湖南全省和周边省市的养殖户提供父母代种猪和商品仔猪，促进了湖南全省及周边省市的生猪品种升级和生猪产业的快速发展。

四川兴旺农牧企业集团也将肉鸡养殖的专业特长带到湖南，把自己的肉种鸡优良品种引进湖南，并在湖南取得了长足的发展。

四川兴旺农牧企业集团与湖南翔达农牧企业集团在生产经营上形成了紧密的合作。四川兴旺农牧企业集团把生猪养殖产业并入湖南翔达农牧企业集团，湖南翔达农牧企业集团把肉鸡养殖产业并入四川兴旺农牧企业集团。两家企业发挥各自的专业优势，推动畜禽养殖产业快速发展。

四川兴旺农牧企业集团与湖南翔达农牧企业集团合作第一年，湖南翔达农牧企业集团的产品销售收入就达23亿元，创利9000多万元。四川兴旺农牧企业集团当年获得利润分成就超过了4000万元,两家企业的合作联盟实现了双赢。

第二节 联合起来办大事

■ 原料采购联合

原料采购开展横向联合,可以将分散的采购订单集中起来,形成规模化原料采购,这样既能降低原料采购成本,又能通过稳定的采购量形成采购谈判优势,建立并维护与供应商之间的长期合作伙伴关系。

农牧企业联合采购原料,可以**建立原料采购信息共享平台**。无论是原料采购的品种和数量,还是采购的价格和让利情况,对所有参与联合采购的农牧企业都是透明的。这样既有利于各企业的原料信息交流,又可以起到监督企业采购人员的作用。实现阳光采购,防止"吃回扣"和"行贿受贿"等采购腐败行为。

国内农牧企业联合采购原料,是应对市场激烈竞争的重要手段,要实现联合采购原料,各联合企业就必须建立相互信任关系。**比较常见的合作方式是,联合采购企业共同出资成立原料采购股份公司,为入股的各企业采购原料并提供仓储、运输配送服务**。各入股企业可与原料采购股份公司签订合作协议,向原料采购股份公司申报计划,或进入原料采购股份公司建立的原料采购电子商务信息系统,搜索所需采购的原料品种、询价、下单、查询订单、物流信息等。

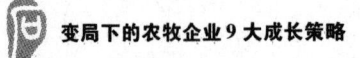

山东柳河集团和山东春晓农牧企业集团都是饲料业界的知名企业，有多年联合采购合作的经历。

一直有生意往来

1996年前后，上述两家企业分别代理了两家外资企业的饲料原料。其中，山东柳河集团代理一家日本企业在中国区域的固体氨基酸产品销售，山东春晓农牧企业集团代理一家欧洲企业在中国区域的包膜型维生素产品销售。

这两家企业相互使用对方代理的进口产品，各自对外销售产品，同时互相介绍客户。两家企业下属饲料厂与对方原料采购部的采购业务往来很频繁，而且还有相互挂账、赊欠原料货款等现象。时间一长，彼此也都成习惯了，双方原料采购部都是每月结一次账，相互清算当月所欠货款。

市场发生了变化

2000年前后，国内的饲料原料市场发生了较大变化。原来，两家农牧企业代理的进口产品，国内一些饲料原料企业也都能做了，国外生产厂家在中国的产品竞争也较为激烈。为了直接掌控中国市场，节省费用，国外原料生产企业在中国开办了自己的产品销售部，搭建在中国的销售网络，销售进口产品。进口原料与国产原料的产品质量和价格非常接近，做进口产品代理成了给外商做中转和搬运工作，没有多少利润。

两家企业开始考虑把原来做进口产品销售业务的两拨人马组织起来开展国内饲料原料的采购和销售工作，除了给各自下属饲料企业供应原料外，还给周边其他的饲料企业提供原料，这就是当时两家农牧企业形成正式合作、组建原料贸易股份合资公司的前提。

开始正式合作

2001年年初，山东柳河集团和山东春晓农牧企业集团各出资1000万元，成立了注册资本2000万元的原料贸易股份合资公司。董事长由山东柳河集团董事长兼任，总经理由山东春晓农牧企业集团原料部总经理担任，财务主管由山东柳河集团委派，出纳由山东春晓农牧企业集团委派，双方规定采购原料的主要品种为豆粕、玉米、氨基酸、磷酸氢钙、维生素、进口鱼粉和动物蛋白大宗原料。原料采购对内对外销售原料的价格随行就市。

双方合资的原料贸易股份合资公司实行独立核算、目标利润考核管理，按年度原料销售额倒逼销售利润（不低于总销售额的6%），贸易部人员编制由总经理决定，业务员工资与经济效益挂钩，双方对半分享原料贸易股份合资公司的利润。

双方下属饲料企业有权根据原料质量和价格，不使用合资公司采购的原料。因此，原料贸易股份合资公司要以优质产品、低廉价格和优质服务，赢得下属企业的信赖和对原料采购工作的支持，并以此方式开发企业外部的原料用户。

■ 资源开发利用联合

企业在投入资金、开发利用新资源、研发和生产新产品时，要背负巨大的财务压力和忍受产品开发周期的煎熬。在资源开发和新产品研制过程中，涉及学科越复杂、投入资金越多、研发周期越长，收回投资的风险就越大。

如果能在资源开发和新产品研制的过程中，寻找其他企业进行合作，实现资源互补，并通过联合投资开发的模式，缩短资源开发利用和新产品研发生产周期，企业就可以降低投资风险，获得较为稳定的收益。

联合要在双方都有诚意的基础上追求高回报。双方合作投资的回报要大于不合作、单干创造的效益，这样的联盟合作才有意义。当然，企业选择横向联盟的合作伙伴有一定的商业风险。合作前，双方都要对即将展开合作的对方企业，进行有关企业文化、商业信誉、经营管理能力等方面的调研和评估，并在风险与收益之间权衡，做出较为准确的预测和判断，从而决定是否与其开展联盟合作。

沈阳金象饲料厂使用的一种饲料添加剂，市场上供不应求、不容易采购。这种添加剂是沈阳前进化工厂的一项专利，并没有在该厂批量生产。生产这种添加剂的主要原料也可以在沈阳力克骨胶厂购买到。

因此，沈阳金象饲料厂提议，与沈阳前进化工厂、力克骨胶厂和沈阳军区后勤部养殖场开展合作，联合研发生产这种饲料用复合添加剂。

（1）沈阳金象饲料厂提供该添加剂在饲料用途上的技术参数和要求，负责组织畜禽养殖户进行批量生产前的试用，并聘请相关部门组织鉴定，提交产品鉴定合格报告。

（2）沈阳前进化工厂利用所掌握的专利技术，按照该项技术在饲料上的用途、技术参数和相关要求，负责研发生产饲料复合添加剂产品并形成批量生产。

（3）沈阳力克骨胶厂按照饲料用复合添加剂的要求，为生产提供合格的原料。

（4）沈阳军区后勤部养殖场提供饲料样品试验用鸡并负责做好试验记录，为产品生产鉴定提供实验报告。

上述几家企业共同出资 200 万元，饲料厂占股 40%、化工厂占股 25%、军区后勤部养殖场占股 20%、骨胶厂占股 15%。所有产品由沈阳金象饲料厂按市场价格全部包销，所得利润按各方出资股份比例分红。

辽宁兴城县望海乡沿海养殖扇贝，滩涂上贝壳堆积如山没有被利用。沈阳金象饲料厂牵头，组织沈阳市几家饲料企业共同投资 50 万元，租用当地农村闲置的场地和房屋，购置加工设备，联合开办贝壳粉厂，生产用于饲料的钙质添加原料。

兴城县望海乡村民提供劳动力，加工生产饲料用贝壳粉，收取饲料公司生产饲料用贝壳粉、原料贝壳的原料费和生产加工费。沈阳金象饲料厂和其他饲料企业除了自用贝壳粉，剩余贝壳粉产品由沈阳金象饲料厂负责销售，所得利润按各饲料公司的出资比例分成。

浙江金华圆山饲料公司与洞头鱼粉加工厂合作，各投资 50 万元，利用浙江沿海边的鳀鱼资源，联合开办饲料用鱼粉加工厂。这一合作可以使浙江金华圆山饲料公司得到合格的饲料用鱼粉原料，洞头鱼粉加工厂从此也有了稳定的鱼粉产品客户。双方都得到了较为稳定的收益，洞头鱼粉加工厂现年产鱼粉 1000 吨，全部由金华圆山饲料公司按市场价、每月调整一次价格，自用或对外销售，所得利润平分。

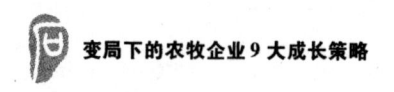

■ 业务拓展联合

联合拓展业务是为了提高联合各方企业的利益，联合各方把各自掌握的优质资源，包括先进技术、科研能力、管理方法和自有资金等拿出来参与合作，促进合作各方企业加强管理、提高素质、增强活力，促进企业发展。

农牧企业开展横向联合，应该增强法律意识，合作各方要签订相关协议，规范和约束合作企业的行为，相关协议要到司法部门公证，避免造成不必要的损失。企业开展横向联合要坚持自愿、平等、互利的原则，做到"风险共担，利益共享"。

抚顺青田饲料厂与抚顺大山水库养殖场联合开发淡水鱼养殖业务，双方按同等比例投资水产养殖，发挥各自的优势。

（1）抚顺青田饲料厂提供鱼饵配方技术、饲料原料，负责饵料加工生产。

（2）抚顺大山水库养殖场负责鲤鱼饲养生产管理，在水库安放了300个鲤鱼养殖网箱，投放60万尾鱼苗。

（3）抚顺青田饲料厂派养鱼专业技术员对大山水库养殖场提供养殖技术服务。

（4）抚顺大山水库养殖场负责鲤鱼养殖管理，秋后收获鲤鱼，销售获利双方对半分成。

双方开展合作后，抚顺青田饲料厂推动了水库周边农民的淡水养殖产业发展，提高了该饲料厂产品在这一区域的销量。抚顺大山水库养殖场找到一家好的饲料企业，能为其提供淡水养殖优质饲料和养殖技术服务。

合作双方各投资25万元，成立海城肉鸡养殖技术服务公司，由鞍山同方饲料厂提供化验和检测设备，派出养殖技术员为海城先河养鸡专业协会养殖户提供养殖技术服务。海城先河养鸡专业协会提供办公场所，并在本区域内为本协会成员提供鞍山同方饲料厂的饲料。鞍山同方饲料厂免费为当地肉鸡养殖专业户提供技术服务，海城先河养鸡专业协会保证不使用其他饲料厂家的饲料。

联合成立的养殖技术服务公司，既为该镇60万只商品鸡的养殖户提供了优质饲料，又为全镇养殖专业户提供了免费的养殖技术服务，让养殖户没有后顾之忧。

鞍山同方饲料厂在该镇找到了稳定的产品销售市场，每月可以在该镇销售3000多吨的饲料，利润不低于15万元。

海城先河养鸡专业协会也找到了一家好的饲料企业，为协会提供优质饲料和技术服务，该协会每年出栏肉鸡不少于350万只，盈利不低于700万元。按每户农民养鸡5万只计算，每年可获利10万元。

鞍山同方饲料厂和海城先河养鸡专业协会的合作，促进了海城市肉鸡养殖产业快速发展，实现了经济利益和社会效益双丰收。

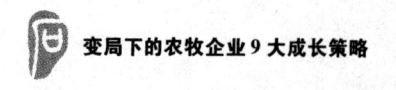

案例：山东柳河集团的战略联盟

山东柳河集团在扩大经营规模的过程中，改变了传统大而全、小而全的发展观念，加强了与同行的战略联盟。

■ 与仲汇牧业联合开发祖代种鸡

山东柳河集团与山东仲汇牧业联合开发祖代种鸡，利用仲汇牧业在祖代种鸡生产管理方面的经验和技术优势，山东柳河集团可获得急需的父母代种鸡。仲汇牧业可依靠山东柳河集团在父母代种鸡销售方面的专长和市场网络渠道，快速提升种鸡销量。企业双方通过战略联盟，可以获得自己期望得到的利益。

具体操作：山东柳河集团投资1200万元建设一个祖代种鸡场，由山东仲汇牧业提供3万套祖代种鸡（约合600万元），并组织生产技术和管理人员进场，经营祖代种鸡场。按合同约定，每年繁育出一定数量的质量合格的父母代种鸡，由山东柳河集团按当时市场价格包销，取得利润后双方按投资比例分成。

这样，山东柳河集团节省了由自己经营祖代种鸡场、前期相关人员培训和技术管理磨合的时间和费用；只要在各养殖旺区建设父母代种鸡场，由联盟合资企业提供合格的父母代种鸡；父母代种鸡场向当地肉鸡养殖户提供商品鸡苗，由山东柳河集团肉鸡屠宰场回收毛鸡，经屠宰加工后，销往鸡肉产品市场。

山东仲汇牧业也不用投入精力开发父母代种鸡的销售市场，生产的父母代种鸡由山东柳河集团包销，自己则全身心做好祖代种鸡产品研发和生产繁育工作。

建立发展战略联盟，不仅提高了彼此的生产专业化程度，还加快了双方生产规模的扩张速度，各自形成了更加强大的市场竞争优势。

与春晓集团合资成立原料贸易公司

山东柳河集团与山东春晓农牧企业集团共同投资2000万元（各占股份50%），成立了一家原料贸易合资公司，主要采购经销玉米、豆粕、鱼粉、氢钙和氨基酸等，在保证两家企业下属饲料公司原料供应的基础上，按市场价格向其他饲料企业提供原料。

合资成立的原料贸易公司由山东春晓集团原料部总经理牵头管理，所得利润对半分成。这样，两家企业将饲料原料采购订单合并起来，向饲料原料供应商提出采购要求，既可压低原料供应商的供货价格，又可得到供应商在付款方面更加优惠的信贷支持。

山东柳河集团在原料采购方面与山东春晓集团结成战略联盟，合理配置双方资源，提高了资源使用效率。两家企业在山东形成了饲料原料采购的优势，进而增强了两家企业在该区域饲料产品的竞争优势。两家企业的联合采购模式已成为行业内其他企业纷纷效仿的典范，业内已有多家饲料企业寻求加盟，山东柳河集团正在与它们商议形成更广泛的联盟。

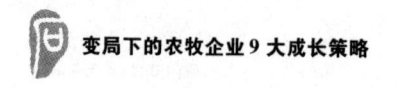

■ 与周边肉鸡养殖合作社签订生产销售合作协议

山东柳河集团所属肉鸡生产企业，为扩大生产经营规模，与当地肉鸡养殖专业合作社签订了生产销售合作协议。山东柳河集团按产品市场价，为当地肉鸡养殖专业合作社提供鸡苗、饲料和兽药，并为所有养殖户免费提供肉鸡养殖技术服务。山东柳河集团肉鸡屠宰加工场按双方商定的合同价，回收养殖专业合作社养殖户养成的毛鸡，经屠宰加工后，推向鸡肉市场销售，山东柳河集团与各地养殖专业合作社在肉鸡养殖方面形成合作联盟。

这样，山东柳河集团既可以迅速扩大肉鸡养殖生产规模，又有更多时间和精力优化肉鸡养殖生产管理。

山东柳河集团所属企业，通过与分布在各地的养殖专业合作社合作，既降低了生产成本，又提高了生产效率，很快就形成了规模较大的生产能力。

山东柳河集团还通过对肉鸡养殖专业合作社、养殖户的日常养殖技术服务和生产过程指导，强化对肉鸡养殖户的生产技术管理和产品质量要求，为山东柳河集团的鸡肉产品销售提供了可靠的产品质量和安全保证。

■ 与麦当劳和肯德基建立战略合作联盟

山东柳河集团按照麦当劳、肯德基的鸡肉产品标准和质量安全要求，生产肉鸡系列分割产品，向麦当劳和肯德基食品企业直接供货，成功摆脱了由经销商转手供货的传统方式，避免了经销商对供货企业的压价克扣行为。企业直接进入肉食品消费市场，可直接了解消费者的满意度和更新的要求，打破企业与消费者之间的信息壁垒。

通过与麦当劳和肯德基的联盟合作，山东柳河集团的鸡肉产品获得了较高的美誉度，产品销售可从纵向、横向同时扩大市场占有率。既可以进入更多的市场区域提高产品销量，又可以在一个市场区域内增加客户提高产品销量。

最终，山东柳河集团依靠这种战略合作联盟的模式，把竞争对手限制在自己的地盘上，腾不出时间和精力开展具有竞争性的产品销售大战。但是，山东柳河集团有时间和精力坐下来与竞争对手商议市场理性管控方式，共同维护产品市场竞争的秩序。

变局下的农牧企业 9大成长策略

第三章 生产管控：品质保证

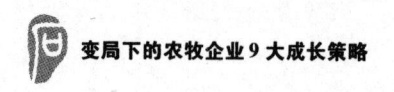

第一节　农牧生产：复杂的系统工程

■ 过程安排要科学合理

农牧企业生产过程由于受土壤、气候、环境变化和生产投入品等因素的影响较大，实现全程有效管控和作业优化是一项具有挑战性的复杂的系统工程。

江西征浜集团有一个万头能繁母猪现代化规模养猪场，其养殖过程管理和生产周期调控要求相当高。生产过程调控要环环相扣，工作流程管理要有条不紊。

每周二、周五环境消毒，周三打疫苗；每日 7：00、11：00、18：00 喂饲料；每天上午，技术员巡视栏舍、开展保健治疗；每天下午，饲养员清扫栏舍。养殖场要对公猪选种、母猪配种、妊娠管理、接产护理、小猪哺乳、断奶和保育管理、育肥生猪转群、育肥猪全进全出调度和猪舍空栏消毒作业等，一一做出科学的、规律性的严密周期安排，才能保证现代化规模养猪场有效管控和满负荷均衡生产。

可想而知，农牧企业的生产过程管控和作业优化是一项相当复杂的系统工程。它既包涵了生产过程本身的安排是否科学合理；又包涵了在推进生产过程中，随外部环境的变化，生产过程调整是否科学合理。

■ 天气等诸多外部因素要考虑

笔者到山东柳河集团做管理咨询，来到该企业下属的一个蛋鸡养殖场，走进养殖场，只见办公区、生活区和饲养区隔开，布置得井井有条，打扫得干干净净。从办公室的窗口向养殖区看，工作秩序井然，有往养殖棚舍里运饲料的，也有往场区外运鸡蛋的，没有看到不正常的现象。可是办公室工作人员和与我们交谈的场长正在发愁。

原来这段时间蛋鸡养殖场出现了严重的蛋鸡啄羽现象，这使产蛋鸡严重受伤，产蛋率急速下滑，养殖场的效益急剧下滑。

据养殖场的饲养员反映，这段时间既不是饲料不好，也不是饲养管理有失误；饲养员按照生产管控流程精心喂养，没日没夜地照料这些蛋鸡，也找畜牧兽医看过，没有发现什么疾病，就是不能解决蛋鸡啄羽的问题。

几天后，笔者再次打听蛋鸡养殖场的情况，得知出现蛋鸡啄羽现象原来是，由于天气变化，气温突然升高，导致蛋鸡免疫功能下降，营养和维生素缺乏，蛋鸡出现应激反应，攻击意识增强，从而造成蛋鸡相互啄尾部羽毛的现象。

解决这个问题的办法是，在饲料中添加2%的鱼粉和烟酸、泛酸、叶酸和生物素等（鸡啄羽时，在饮水中添加食盐0.5%），补充蛋鸡缺少的营养和多种维生素。同时，鸡舍要通风，降低室内温度，减少蛋鸡的应激反应。

由此可见，农牧企业生产过程管控是一项复杂的系统工程。一方面，要有严格的生产过程管控制度；另一方面，需要有经验的养殖人员日常细心观察。这也说明农牧企业的生产管控，光靠规范化的流程和制度不一定能达到目的，还应培育员工具有良好的自觉性，积极主动地做好日常的生产观察监管工作。

第二节　生产管控方案设置原则

■ 与企业发展战略相适应

农牧企业设置生产管控方案，要适应企业宏观经济环境和内部资源掌控的结构和能力。也就是说，既要把握国家相关经济政策、产业结构调整和发展方向，又要根据本企业所掌控的资源构成、已经具备的生产技术水平和能力，理性分析企业面临的挑战与机遇，从培育和提升本企业战略协同能力入手，形成市场竞争优势。

农牧企业在设置生产流程管控方案时，要与企业发展战略所确定的经营目标吻合，并考虑在推进业务发展和开拓市场的过程中，如何建立竞争优势。

农牧企业要通过为消费者提供产品，向全社会回答自己存在的意义：发展愿景和使命是什么？战略目标是什么？如何表达企业的经营理念、管理理念和企业精神以及如何引导员工正确对待客户、市场、服务和竞争等一系列问题。

想做什么，能做什么，怎么做，是企业发展必须回答的战略选择问题。**怎么做？就是设置生产流程管控目标模式。**当然，这要求农牧企业把想做什么和能做什么联系起来，既要考虑当前宏观经济环境的影响，又要把企业掌控的资源和能力联系起来，按照科学规范的要求，研究、设置生产流程管控模式。

农牧企业生产流程管控模式（包括生产流程、组织架构、职责划分、管理制度、绩效考核和利益分配机制等）是在理性分析市场挑战与机遇，学习、参照同行企业和联盟合作伙伴的经验的基础上，考虑如何形成市场竞争优势的选择。

■ 与企业的整体管控系统衔接

农牧企业生产流程管控是企业整体管控系统的一部分，它必须与企业的发展战略管控、人力资源管控、财务管控、产品营销管控和品牌建设管控等一系列的企业管控系统衔接，形成企业整体规范化管控体系中的重要组成部分。

农牧企业生产流程管控方案设置，确定了农牧企业的产品生产质量保证体系，是农牧企业整体运营管控中的重要组成部分。

如果农牧企业整体运营管控组成部分中的其他流程需要调整，那就要在满足客户需求的前提下，对生产流程管控方案进行适当的调整。因为企业生产流程管控方案设置必须与企业一系列的管理流程相适应，否则，企业所设置的生产流程管控方案将无法推行。

当然，我们也应该知道，在企业生产流程管控方案设置之初，就必

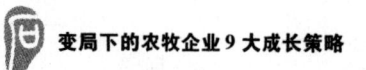

须为企业整体的运营管控流程设置留有接口和调控余地。这是考虑企业下一步发展，为生产流程再造、组织制度变革和管理职能提升做好准备，使企业的整体运营管控更加科学、规范、系统、高效。

■ 与组织机构和管理制度配套

企业生产流程管控必须通过有效的组织架构和相关的管理制度落到实处。

企业生产组织架构包括车间、工段和班组等。

相关管理制度包括岗位责任制度、操作管理制度、质量管理制度、预算管理制度、成本管理制度、绩效管理制度、财务审计制度、信息汇总制度等，通过落实这些制度，使企业生产流程管控得以全面实施。

农牧企业要确保生产流程管控方案得到落实，就要与其他管控流程和制度同步推进。比如，与产品研发管理、财务管理、销售管理、审计管理、信息管理和风险管理等同步推进，生产流程管控才算真正步入规范化和科学化的程序，企业经营管理才能走上务实和高效的道路，企业生产流程管控才算真正落实。

■ 与人才队伍建设相适应

生产流程管控方案需要有技术、懂管理、吃苦耐劳的员工来推动实施。因此，当企业在研究设计生产流程管控方案的时候，就要有针对性地开展对企业相关管理人员、技术员、生产骨干人员和一线作业人员的培训，注重打造生产流程管控专业化人才队伍，以便更好地驾驭生产流程管控的各项工作。

企业有没有能够操纵生产流程管控的人才，能不能建立一支推动生产流程管控方案实施的人才队伍，是企业生产流程管控方案能否得以实施的重要条件。其实，农牧企业寻求快速发展，**设置科学规范的生产流程管控方案，建立能够推动管控方案实施的人才队伍**，成了农牧企业做好生产管理缺一不可的必要条件。

但是，由于农牧企业的工作环境相对较差，工作条件较为艰苦，且有许多特殊的工作要求，如养殖场实行封闭管理，不能随意进出生产场所，很多人不愿意从事农牧产业方面的工作，导致农牧企业生产一线员工、技术和管理人才奇缺。如何设置生产流程管控方案也成了当前的难题。

因此，农牧企业在设置生产流程管控方案时，既要参照国内外标杆农牧企业的生产流程管控模式，又要参考国内外标杆农牧企业对员工招聘、培训、任用和考核的经验，制定本企业人才队伍建设以及员工开展岗位培训的具体办法。

■ 与企业文化建设相呼应

在农牧企业生产流程管控过程中，许多生产环节不能完全通过流程管控、制度管理约束员工的行为，必须依靠员工的责任感和自觉性，发挥其主观能动性才能较好地完成。比如，养殖场突发疫情，如何快速启动应急措施，这在日常管理制度中是很难体现的。

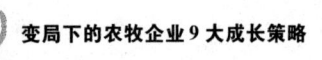

所以，农牧企业必须加强文化建设，提高全体员工的个人素质以及对企业文化的认同感，提高企业员工的职业道德修养，塑造以优秀员工为代表的企业形象。

农牧企业要给员工宣讲发展愿景、奋斗使命，要建立企业全员普遍认同的价值观，引导和激励员工树立企业主人翁的思想，成为自己工作岗位的主人，把个人努力奋斗的方向调整到与企业发展方向一致的道路上。

农牧企业要加强对员工的思想政治教育，让员工树立正确的职业道德观念，牢记农牧企业员工的从业宗旨，贯彻"一切都要为消费者着想"的经营理念和管理理念。

农牧企业员工在日常工作中，要做到自觉自律、积极努力，不能阳奉阴违，偷工减料，以次充好；不要把思想情绪带到日常工作中，当天工作当天完成；要有有人检查和无人检查是一样的认真负责态度。

第三节　生产流程管控的 5 个关键点

■ 关键点 1：根据发展战略规划确定产品定位

首先，要考虑农牧企业发展战略规划，切实做好产品定位，既是使农牧企业长远发展与产品生产流程管控目标协调一致，也是为了避免因为企业快速发展，产品更新可能造成对生产流程管理资源的浪费。

农牧企业生产流程管控的资源投入，既要考虑目前市场对生产流程管控的需求，又要考虑随着经营环境的变化，企业快速发展及产品更新换代。在原设置的生产流程管控方案中，要留有可适当调整、改进的空间以及对后期工作安排的接入口。

山东柳河集团在1997年就确定了今后5年的发展战略，即从原来经营的饲料产业向畜禽养殖产业转移。

向养殖产业转移，企业生产什么产品呢？山东是全国肉鸡养殖业最大的省，养殖肉鸡肯定是最适合本土企业长远发展的，但什么肉鸡品种最合适呢？

该企业经过多方面考察，国家大力支持农业产业化经营，并有优惠政策扶持，这表明该企业所处的**经营环境非常好**。虽然该企业原来以饲料加工、销售为主业，但多年都与养殖产业打交道，参与对畜禽养殖户的技术服务；多数经营管理人员学习畜牧养殖或兽医专业，**有一定的畜禽养殖专业技能**。另外，该企业由饲料产业向养殖产业转型，投资建设畜禽养殖场，直供畜禽养殖饲料，能够减少饲料销售中间交易成本，还能够把饲料生产的技术优势传递到养殖产业，**增强了养殖产业的市场竞争优势**。

因此，该企业向养殖产业转移，选择了养鸡产业。为迅速进入养鸡产业，开拓较大的产品市场和发展空间，该企业选择了养殖大肉食鸡产品，面向国际市场，为麦当劳、肯德基等企业供货，根据国际上最好的美国AA系列肉鸡产品养殖设置生产流程管控方案。

有些农牧企业的战略发展有阶段性安排考虑，这就要求农牧企业在设置畜禽产品生产流程管控方案时，**既要有近期的工作安排，又要有与长远发展相适应的总规划，保持生产流程管控近期工作安排与长远发展规划相协调。**

湖南筝鸿农牧企业集团投资建设了一个万头能繁母猪规模化现代养殖场，想分三期建成。第一期先进 5000 头母猪，第二期和第三期分别进 2500 头母猪。这样做既可减轻企业前期投资的压力，又可使养殖场早日投入生产，加快回收资金。

但是从养猪场生产流程管控和疫病防控的要求来看，这给养殖场的建设和管理带来了麻烦。但该企业按照总体规划、分期建设、分步投入使用的办法解决了问题，要求养猪场总体规划一步到位：上下水工程、道路硬化、锅炉房、消毒间、配种间、产房、保育间、育肥栏舍等设施，在第一期工程建设期内就全部建设到位。而一些养殖辅助设施，如办公室、部分宿舍、部分产床和保育设施等，可以预留场地、分期建设、分期购进、安装调试，这样不会影响养殖场的生产经营和总体发展规划。

■ 关键点2：根据产品定位，参考国内外标杆企业确定生产流程

农牧企业设定生产流程，要参考国内外标杆企业的产品生产流程安排。也就是说，农牧企业在设定产品生产流程时，应该对国内外标杆企业同类产品的生产流程、现状和发展趋势进行调研、学习和实地考察，

避免出现不必要的错误，造成资源浪费。

山东柳河集团选择大肉食鸡作为发展畜禽养殖生产的主导产品，在确定其生产流程管控方案时，选择去美国肉鸡养殖行业协会进行考察。

美国肉鸡养殖行业协会推荐的生产流程管控、品种繁育等方式，都是国际一流的水平。美国的肉鸡养殖技术，对新品种培育、繁殖和饲喂过程管控，生产环节一环扣一环，有严格的肉鸡品系管理要求和生产流程管控制度。美国还生产与其肉鸡养殖技术相配套的养殖设备，包括鸡舍标准建材、饲料自动供应管线、饮水和药物供应管线、保温材料、通风和降温风机、环境温控设备和肉鸡屠宰加工设备等。

但是我们也要考虑，美国的肉鸡品种、养殖设备和流程管理模式，如何尽快地与中国现实的养殖环境相适应。因此，山东柳河集团还在国内考察了一些规模化肉鸡养殖企业，汲取了这些企业在肉鸡养殖方面的经验和教训。

学习国内外先进的企业管理经验，要采取走出去、引进来的办法，要经历深入学习、深刻领悟和消化吸收的渐进过程，掌握国内外先进企业的生产流程管控模式，推动本土企业不断提升生产流程管控水平，赶超世界先进技术和管理水平，攀登世界级优秀标杆企业的管理高峰。

■ 关键点3：建立健全科学的生产管理组织机构和严格的操作管理程序

农牧企业在确定产品定位和生产流程基本方案后，要对生产流程管控方案进行前期梳理，要科学地安排生产岗位和建立管理组织机构。同时，要客观地评价各岗位的工作职责，做好定岗、定编、定员和上岗培训工作。

也就是说，农牧企业在完成产品定位、生产流程安排、生产组织机构设置后，要尽快落实生产分工和岗位设置，要在细分产品生产流程、设置工作岗位和描述岗位职责的基础上，加强对员工上岗前的培训，让每位员工进入生产管控流程内，都能明确自己的生产分工和岗位职责，进而努力完成自己的工作任务。

山东柳河集团确定养殖美国的大肉食鸡产品后，设置的肉鸡养殖生产管理基本流程是鸡舍消毒、铺设垫料、鸡苗入栏、喂水投料、防疫免疫、通风保温，育肥鸡出栏后清理垫料，鸡舍消毒后进入下一批次循环养殖过程。

围绕上述肉食鸡养殖生产管控基本流程，该企业建立了生产管理组织机构（以每栋鸡舍为单位设立生产班组，或根据生产流程的工作内容设立生产流程管控班组）。同时，将生产工作流程细分为打扫卫生、清理死角、冲洗污物、料线清洗、水线清洗、药物熏蒸、垫料消毒、垫料铺平、入栏准备、鸡苗入栏、水线开通、鸡苗饮水、饲料投放、防疫免疫、环境监测、温度控制、日常管理、成鸡出栏、垫料清理，消毒后进入下一个养殖循环。

山东柳河集团按每栋鸡舍为一个生产单位，设置生产过程管控小组。测算每栋鸡舍日常饲喂管理工作量后，确定每栋鸡舍由2~3人管理。

最后，确定每栋鸡舍日常生产流程管理由班长安排生产，由分管技术的副场长负责检查日常的工作质量，出现生产质量事故由场长负责召集有关人员检查分析，纠正改进。山东柳河集团在养殖场定岗、定编和定员的基础上，加强了对员工上岗前的相关技能培训，使他们能够明白自己的岗位工作责任，并能熟练地操作所有的养殖设备。同时，也落实了对养殖人员进行管理考核的各项相关制度。

■ 关键点4：建立以岗位工作标准为核心的生产技术标准和管理制度

农牧企业细分生产流程后，还要根据生产流程涉及的工作内容布置生产岗位，建立以岗位工作标准为核心的一系列生产技术标准和相应的管理制度（包括产品技术标准、生产作业管理制度、绩效考核指标和利益激励机制等），并通过制定的一系列产品生产技术标准和生产作业管理制度，指导和监管生产线上的每位员工，使他们在工作的过程中有标准和制度的监督和约束。各级管理人员可以通过各项考核制度监督生产过程，同时利用利益分配激励机制调动员工积极性。

山东柳河集团制定了以下生产技术标准和管理制度：

(1)《饲养员技术标准和要求》。

(2)《场区隔离消毒管理办法》、《生产区隔离消毒管理办法》、《净污区（道）划分和管理办法》。

(3)《生产区环境卫生标准》。

(4)《备用鸡舍卫生标准》、《鸡舍使用卫生标准》、《鸡舍隔离消毒管理办法》。

(5)《垫料消毒和使用管理办法》。

(6)《防护服装消毒和使用管理办法》。

(7)《雏鸡选择质量标准》、《养殖场入雏管理程序》。

(8)《雏鸡设温度控制和温控设备使用管理办法》、《免疫接种技术要求》。

(9)《进入生产区物品消毒管理办法》、《进入生产区人员消毒管理办法》、《入场车辆消毒程序》。

(10)《饲养设备消毒和使用管理办法》。

(11)《投药技术要求》、《鸡群健康状况观察和报告制度》、《病死鸡及处理办法》。

(12)《养殖场生产定额与绩效考核办法》、《养殖场员工工资标准和奖励办法》、《养殖场管理人员工资标准和奖励办法》、《员工绩效考核和工作激励制度》。

■ 关键点5：企业文化引导，调动员工的积极性

农牧企业在生产流程管控过程中，有许多环节是无法完全用制度约束的，要依靠员工高度的自觉性和责任感推动各项工作。

某农牧企业的生产流程管控工作做得非常细致，但是如何控制生猪养殖场、生猪采食饲料的浪费现象、把握母猪发情配种的时机、母猪配

种成功率的掌控、细心照料妊娠母猪和产自母猪、小猪断奶和仔猪保育照料、育肥猪分圈管理、养猪场的日常观察和疾病初发期报告处置等，都是无法用硬性的制度和条例管理的，需要依靠饲养员的自觉性和责任心完成上述工作。

一个农牧企业的成功和发展壮大，离不开企业文化对员工的正确引导。农牧企业要注重培育员工，帮助员工树立远大的理想和企业主人翁精神，调动员工的生产积极性和主观能动性，使他们在推进企业生产过程中，自觉遵守各项规章制度，做好生产管理，完成生产任务。

案例：河南楚音农牧集团生猪养殖生产流程优化

河南楚音农牧集团对生猪养殖生产管理做了大胆创新，采用现代工业企业产品流水线生产。对生猪养殖全过程进行了科学细致的作业分工，并对各生产环节进行了创新式协调合作的探讨。

■ 将复杂的生猪养殖过程分解

河南楚音农牧集团把长达半年多复杂的生猪养殖过程细分为"配种——妊娠——分娩——保育——育肥"五个生猪养殖循环管理环节。通过对生猪养殖户的技术培训和生产管理指导，结合农户的生猪养殖技术水平和栏舍条件，将生猪养殖管理五个生产环节分别交由不同的养殖户，并签订相关的生猪养殖合作协议。

这样，生猪养殖户更加专业了，能养更多的猪。既提高了生猪养殖户的生产效率，又使企业获得更多的、更有质量保证的生猪产品。

然后，对与企业签订生猪养殖合作协议的养殖户采取统一指导和管理的模式，要求每个生猪养殖场的平均占地规模不要太大，相互之间要保持 2~3 千米的距离。

（1）每个承担配种功能的养殖场占地 0.2 公顷，每年负责 3000 头一元良种母猪的配种工作，每头收费 50 元，年收入不低于 15 万元。

（2）每个承担妊娠母猪养殖功能的养殖场占地 0.2 公顷，每年负责 1500 头妊娠母猪的养殖工作，每头收费 100 元，年收入不低于 15 万元。

（3）每个承担母猪分娩的养殖场占地 0.2 公顷，每年负责 500 头母猪的分娩工作，满月成活小猪每头收费 20 元，年收入不低于 15 万元（年产小猪 8000 头）。

（4）每个承担仔猪保育功能的养殖场占地 0.2 公顷，每年负责 1500 头仔猪的保育工作，养殖至 40 公斤/头，每头收费 100 元，年收入不低于 15 万元。

（5）每个承担育肥功能的养殖场占地 0.2 公顷，每年负责 3000 头仔猪育肥，养殖至 110 公斤/头，每头收费 50 元，年收入不低于 15 万元。

这样，该农牧企业采用专业化、分阶段和全进全出的生猪养殖管理模式，在一定程度上切断大型生猪养殖场疫病交叉感染、快速蔓延和疫情防控的问题。

■ 根据农户自身情况分配不同养殖环节任务

河南楚音农牧集团考察了周边地区养殖户的养殖水平，评定养殖户对某养殖环节的管理能力，并通过对养殖户的技术培训和生产管理指导，与养殖户签订生猪养殖合作协议，再分配不同养殖管理环节的工作任务。

该企业自己养殖原种母猪和优良品种的公猪，优先向与企业签订了生猪养殖合作协议的农户，提供一元母猪和良种公猪精液。然后，顺延至妊娠、分娩、保育和育肥各个养殖管理环节的生猪养殖场，完成企业的生猪养殖计划。该企业对各个不同养殖管理环节的生猪养殖场使用的饲料、兽药、养殖设备和养殖辅助用料，采取了统一采购、统一供应饲料、统一防疫免疫、统一养殖技术服务和管理，最终做到统一收购和销售生猪产品。

该企业还建立了生猪养殖各个环节生产过程管理可追溯系统，即在前一个养殖环节完成，要向下一个养殖环节转移时，都会对该养殖环节的数据进行分析，测定养殖户的生猪产品质量。合格后，才会向下一个养殖生产环节转移。否则就要停下来处理。比如，该企业规定生猪养殖饲料换肉比为2.8:1，测算养殖结果低于这一标准，就有可能是养殖户非法使用了促生长添加剂。经过详细检测，就能够及时发现生猪养殖问题，及时把不合格的生猪产品堵在源头，不让不合格产品流入市场。如果检测高于这一标准，就有可能是养殖户使用了营养成分低的外购饲料，检查养殖户的饲料投放记录与在该企业饲料厂的领料单，就可以证明推测，以防不合格的饲料进入生猪养殖环节。

■ 与养殖户共担风险、共享利益

河南楚音农牧集团与养殖户共担风险、共享利益。我们知道,在生猪养殖过程中,有许多生产环节的管理存在很多不确定因素,很多工作需要养殖户有强烈的责任感和自觉性才能做好。

比如,在生猪养殖、母猪分娩的关键时候,有责任心的养殖户会把床铺直接搬到猪舍中,通宵守候在母猪的产房,做好小猪的接生工作。该企业与养殖户养殖分利,仔猪成活率每提高一个百分点,养殖户就能多得上百元的分红;该企业把仔猪标准成活率确定为 92%,高于标准的部分,就是养殖户的纯利润。

因此,养殖户会精心地养护妊娠母猪,使其分娩的仔猪成活率连年都保持在 95% 以上。有的养殖户甚至能连续三批实现无一仔猪死亡的好业绩,这也让优秀养殖户每批都能比一般养殖户多赚几千元。

该企业要求养殖户在进入养殖场前,要与企业签订养殖合作协议;企业引导养殖户重视生猪养殖料肉比、成活率等生产流程管控的重要指标,与养殖户获得利润挂钩,促使养殖户进行成本核算,调动养殖户的生产积极性。该企业还会将很难用数据标准管控的生产环节,交给养殖户自己管理,通过多劳多得的分配激励机制,调动养殖户的生产积极性和责任感;这也使该企业解决了规模化生猪养殖流程管控中,诸多不确定因素的管理难题。

该企业的养殖场大多是 20 世纪 50 年代出生农民,这些农民知道自己没有其他就业机会,也没有承担养猪市场风险的能力。该企业为他们承担了生猪养殖市场风险，保证他们在完成生猪养殖后，能够及时按照养殖合作协议取得稳定的经济收入，这些从事养殖的农民会感恩于该企业，他们将全心全意地为该企业做好生猪养殖。

该企业委派专业人员掌控生猪市场产品价格，较为准确地预测生猪市场产品价格走势，并通过发展生猪规模化养殖和屠宰加工延伸产业链，逐步减小生猪市场产品价格波动带来的影响。比如，当仔猪市场价格远低于预期时，该企业可以将仔猪转入育肥，饲养为成品猪，借此避免生猪市场价格波动带来的损失。该企业还建设了年屠宰能力200万头规模的大型生猪屠宰场，如果肥猪养大后不适合出售，就可以经屠宰加工冷冻储藏起来，避免生猪市场价格波动带来的损失。

该企业虽然采用了现代化大规模的生猪养殖模式，但基础还是"公司＋基地＋农户"的合作养殖模式。这种合作模式既能使养殖户的养殖技术和管理水平不断提高，产品越来越丰富，又能不断降低企业的产品成本，使利润越来越可观。可见，该企业与养殖户的合作是风险共担、利益共享的双赢模式。

第四章 规模化生产：效率之源

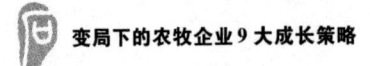

目前，国内农牧企业的经营规模普遍较小，产品商品化率和资源配置市场化程度较低，与其合作的农户主要分布在广阔的农村，而且人口数量多、生产规模小，生产分散、产品雷同、品种较少、供货集中，这给农牧企业的生产管理、产品加工、储运和分销带来了经营管理问题。

中国农牧企业要寻求发展，扩大生产经营规模，首先要解决规模化生产的组织和管理问题。

第一节　他山之石：发达国家的经验

■ 美国模式：规模化 + 机械化 + 高科技

（一）政府扶持

美国政府为了降低农产品市场波动以及自然灾害对农业生产的影响，弥补市场调节功能的不足，政府通过休耕计划、农作物保障计划等稳定农业和保护农民利益，维护市场秩序，保证公平交易。美国政府每隔5年出台一部农业法案，农业科技研究局据此制订年度农业科技发展计划，通过国家税收、补贴、价格干预、信贷管理、产量定额分配等手段，对农产品市场与农业生产资源配置进行有效调节。

（二）民间组织

美国的农业合作社在其整个农业经济发展中有着举足轻重的作用，

第四章
规模化生产：效率之源

合作社对内为社员提供生产资料、流动资金、组织生产和指导经营管理等，对外输出劳务和销售农产品。美国农业合作社是由农民自发联合组织起来的，该组织活跃在农产品生产、加工、储运和销售等环节，把国内分散经营的农户组织起来发展生产，与农产品大市场联结起来，既增强了个体农民抵御市场风险的能力，也促进了美国农业的快速发展。

美国农业生产专业化程度很高，形成了著名的生产带，如玉米带、小麦带、棉花带等。生产区域和品种的分工使美国各地农业生产能充分发挥机械化、规模化和高科技的优势，有利于降低生产成本，提高生产效率。美国农业生产在地域和品种上具有专业化特点，农民只要按照与经销商签订的农产品购销合同，按时安排生产，保证产品质量和规格，生产出产品交由经销商，就可以获得全部收入。产品销售由经销商另行组织完成。

还有教育、科研和推广三位一体的经验模式。这个经验模式有三个特点：

（1）由州农学院同时承担教育、科研和推广的三项任务，使三者有机结合、互相促进，切实为农业生产服务。

（2）每年科研推广投入计划由基层向上申请，推广站点所提供的农业生产技术服务会尽量满足农业生产的需求。

（3）推广经费由国家、州和县公共财政和个人捐献等共同负担。美国用于农业生产的科研和推广经费较为充足，主要由公共财政和私人捐献两大系统提供。公共财政投入侧重于农业基础研究，个人捐献资金侧重于农业生产的新产品开发和应用研究。

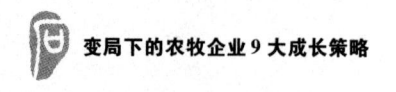

■ 日本模式：资源节约 + 资本技术密集型

（一）政府扶持

二战后，日本分散的小农经济能够迅速进入现代化的轨道，主要得益于日本政府对农业生产的全面干预和强有力的宏观调控政策。日本于 20 世纪 50 年代实行对农业的反哺政策，国家通过税收政策，从工商部门集中大量资金，投放到农业生产，使农业迅速强大。日本制定农业发展规划，确定了优先水利化、化学化，而后机械化的方针，把对生物技术的研究和推广、施肥方法的改进、土壤的改良等，置于农业生产极其重要的地位。

（二）民间组织

日本农业协作组织采用农户与土地全盘合作的模式，在政府财力投入的支持下，通过其遍及全国的办事机构和广泛的业务窗口，同分散经营的农户建立了紧密的经济联系。为农户生产的产前、产中和产后各个环节提供生产服务，并与市场保持对接，保护分散经营农民的利益。日本的农协组织除了有经济职能外，还有帮助政府制定和贯彻农业政策，代表农民向政府提出合理化要求的作用。

日本在农业生产技术改造方面，采取了适应小规模经营的小型化、灵巧化的方针，在引进国外大型、先进的农牧业机械的基础上，经消化、吸收，改制成适合本国使用的农牧业机械。20 世纪 80 年代后期，日本实现了农业现代化生产。

■ 法国、荷兰模式：生产集约＋机械化＋技术复合型

（一）政府扶持

法国政府对农业实行的土地政策、机械化政策、财政政策、金融政策和外贸政策，有利于集中土地、激发农户使用先进农机具以及促进法国农业劳动的分工协作，促成了法国农场的规模化经营，提高了农产品的质量和农业生产的效率，也诱导了社会资本向农业投资，为法国农业发展提供了不竭的动力。

法国政府在推进农场经营规模化、生产方式机械化的同时，引导本国农业走上专业化道路。法国农业专业化有三种类型：区域专业化、农场专业化和作业专业化。法国政府根据各地不同的自然条件、传统农产品生产的习俗和技术水平，对全国农业分布进行统一规划。20世纪70年代，法国半数以上农场完成了专业布局。专业化生产提高了法国的农业效益，法国农民人均收入也达到城市中等工资水平。

法国农业发展规划的推进，由中央、地方政府、农牧业合作社和工业企业从不同的角度，共同参与。在全国形成了推广农业生产技术（包括农机具、农药和化肥）、普及农业科技知识、良种选用和先进农产品加工工艺的立体推广网络。

（二）民间组织

法国的农业合作社最早产生于 19 世纪中期，到 20 世纪 60 年代，法国建立了 3100 多个农业信贷合作社、7200 多个农业供销合作社、1400 多个农业服务合作社。法国农户可同时加入几个合作社，双方每年签订一次合约，农民只要专心生产，其他事项交由合作社办理。农产品销售结算时，各类合作社在扣除风险基金和发展储备基金的基础上，将其余的利润按农民入社投入的股份比例、产品收购量完成比例给社员分发利润。如果合作社亏损，社员要按入股份额承担风险。

法国政府为鼓励合作社发展，各种合作社都可免交 33.3% 的所得税。经过几十年的发展，法国农户基本上都成了合作社的社员，合作社的产品占据了农产品市场绝大多数份额。法国农户 90% 的贷款都是由信贷合作社提供，农户使用的生产资料、获得的服务和销售产品，都由供销和服务合作社负责，农户主要工作是完成生产管理。

荷兰由于耕地不足，农业生产大多数是由国家指导，采用集约化和规模化的方式进行。荷兰比较有代表性的是温室农业，无论是蔬菜还是花卉，一般都是专业化生产。通过宏观规划、资源配给、指导生产和产品销售价格补贴的方式，推进农业生产的专业化发展。农业生产实行专业化生产，有利于设施专业化配置，降低生产成本，提高产品质量，并形成规模效益。荷兰农业的专业化生产也促进了荷兰农业在专业领域的技术研究，使荷兰农业生产长远发展有了可靠的保证，为荷兰农业赢得专业市场竞争优势奠定了基础。

第二节 规模化生产的4大本土模式

中国农业推进规模化生产，由于受土地稀少、人口众多、经济基础相对薄弱的制约，既不能走美国大规模土地开发、采用机械化和高科技的生产经营之路，也不具备日本对农业生产实施高额补贴的条件。我国应支持本土农业产业化龙头企业发展，带动改造传统农业，提高劳动者素质，利用当今世界农业科技成果，推动中国农业产业化发展。

在能实行规模化经营的地方，通过土地流转集中土地，推进农业机械化生产。在经济较落后、地形较复杂的地方，通过拓宽深度和广度，推进农业精细化生产。

中国农牧企业寻求发展，扩大经营规模，提高经济效益，要加大对规模化生产管理的投入，要推进科学技术在生产组织和管理中的运用，要与农村专业合作社建立战略合作伙伴关系。农牧企业与农村专业合作社农户建立的规模化生产合作组织，要实行企业与农户共担经营风险、共享生产规模化发展的成果。中国农牧企业做好规模化生产的组织和管理工作，关键在于与农村专业合作社农户的合作是否顺利。

■ 模式1："公司+基地+农户"（普遍采用）

目前，国内成功的农牧企业扩大生产经营规模，发展规模化生产，主要采用"公司+基地+农户"的生产组织和管理模式。

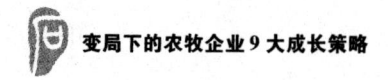

农牧企业在不同的市场区域，建立规模化的生产管理中心、畜禽种苗和产品加工基地，组织当地养殖户建设规模化养殖栏舍，参与企业组织的规模化畜禽养殖生产。

这种模式消除了国内传统的农户分散经营的弊端，使分散经营的农户组织起来，成为农牧企业规模化生产的重要组成部分，农牧企业生产基地从此有了稳定的原料来源。

国内农牧企业与养殖户建立的战略合作关系，一般有松散型和紧密型两种：

（1）**松散型合作关系**。农牧企业只向养殖户提供不定期的技术指导和市场预测服务，养殖户生产的畜禽产品可根据市场行情自行销售。

（2）**紧密型合作关系**。农牧企业要向养殖户定期提供技术指导和市场预测服务，并且在与养殖户合作前，签订包括畜禽种苗、饲料、兽药、技术服务和产品销售等一系列的产销合同，以便维护双方的合法权益。

目前，国内一些中小型农牧企业与养殖户的合作，一般采取松散型"公司＋基地＋农户"的生产经营管理模式。农牧企业不与养殖户签订畜禽产品生产销售合同，只以盈利为目的，按市场价格为养殖户提供畜禽种苗、饲料、兽药和产品售后技术服务，向养殖户承诺，按市场价格收购其生产的畜禽养殖产品。

养殖户按照畜禽产品市场的质量标准做好生产，提供畜禽市场要求的合格产品。在承担畜禽养殖生产管理风险的同时，还要跟踪畜禽产品市场价格行情的动态变化，承担畜禽产品销售的市场风险。

这种松散型"公司＋基地＋农户"的生产经营合作模式，是农牧业传统生产方式向规模化生产组织管理转型的初级形式。由于中小型农牧企业和养殖户生产经营规模都很小，没有能力为对方承担风险，所以，要面对市场，各自承担生产和销售的双重压力。

目前，国内一些大型农牧企业发展规模化生产经营，一般采用紧密型"公司＋基地＋农户"的生产经营管理模式。农牧企业要与养殖户签订严格的畜禽养殖产品生产销售合同，将畜禽养殖生产管理部分环节承包给养殖户。农牧企业为养殖户提供畜禽种苗、饲料、兽药和技术服务；养殖户按照生产销售合同，支付畜禽种苗、饲料、兽药的费用，为农牧企业提供合格的畜禽产品；农牧企业按照生产销售合同确定的固定价格，回收畜禽养殖户的合格产品，经屠宰加工后在市场销售。

农牧企业承担了"公司＋基地＋农户"生产经营的大部分市场风险，养殖户只需要按照与企业签订的产品质量标准和管理要求做好生产，承担部分畜禽养殖生产管理的风险。养殖户比较容易接受这种生产组织管理模式，农牧企业也可以较快地发展规模化生产，扩大经营规模，但这种管理模式对农牧企业经营管理提出了较高的要求。

■ 模式2：一条龙模式（特大型农牧企业）

近年来，随着中国经济的快速发展，国内农牧行业开始成长起一批特大型的农牧企业。它们在扩大生产经营规模、延伸产业链的创新发展过程中，形成了集畜禽养殖、饲料加工、兽药生产、屠宰加工和产品销售的一条龙生产经营管理模式。采取一条龙经营的特大型农牧企业，大多选择紧密型"公司＋基地＋农户"的营运管理方式，从与养殖户松散型合作过渡到紧密型合作。

许多一条龙经营的特大型农牧企业，已经开始直接投资建设规范化、标准化的大型养殖场，示范带动和推进一些养殖户建设标准化的畜禽养殖场。这样，既能保证一条龙经营的特大型农牧企业对鲜活农产品数量和质量的需求，又能帮助那些建设标准畜禽养殖场的专业养殖户降低养殖风险，提高了他们的养殖效益。

前几年，一些农牧企业采取"公司＋基地＋农户"的生产经营管理模式，与农村分散的养殖户合作，养殖区域一村一镇相对集中，养殖环境出现人畜混合，脏、乱、差的现象，各种疫病频发，养殖户乱投医、滥用药。分散经营的养殖户普遍缺乏养殖专业知识，对饲料、各种添加剂和兽药等质量的鉴别能力低，致使畜禽养殖的产品质量和用药管理经常出现问题。

随着人们生活水平的提升，消费者对畜禽产品的质量和安全的要求也在提高，对畜禽养殖用药和残留的限制要求更高了。

这就要求一条龙经营的特大型农牧企业在不断提升"公司＋基地＋农户"生产经营规模的同时，提高专业化和标准化的管理水平。"公司"必须是规模更大、更加专业、标准化管理水平更高的公司；"基地"应该是集畜禽种苗、饲料加工、兽药生产、畜禽屠宰加工和产品销售于一体，更大规模、更加专业化、标准化管理水平更高的基地；"农户"应该是更有经济实力、更大规模、专业化和标准化管理水平更高的农场主。

■ 模式3：从"养殖户"到"标准化养殖农场"

近年来，国内一些大型农牧企业在国家政策的支持下快速发展。它们开始参照发达国家农牧企业的管理模式,引导"公司+基地+农户"经营管理模式向专业化、标准化和规模化的方向发展,带动、帮助和推进畜禽养殖户,建设更高标准的畜禽养殖农场,取代传统小型分散养殖的"农户"。

农村分散的"养殖户"开始向"专业化、标准化和规模化养殖农场"转变,这一转变将是中国农业产业化的一场革命。

(1) 养殖从业人员将由普通农民转变为养殖专业人员。 未来的农场主和养殖员工应该以回归畜牧业的专业人员、畜牧养殖专业大中专院校毕业生、农民创业者受过专业培训的子女为主体。

(2) 畜禽养殖将成为企业家发家的事业,而不是过去让农民脱贫致富的一项副业。 畜禽养殖将作为企业家的一项事业来发展,要考虑投入产出效益,要不断提高专业化、标准化和规模化的水平。

(3) 养殖规模也将由农户小规模散养扩展为大规模农场化经营。 养殖规模:肉鸡存栏8万只以上、蛋鸡存栏2万只以上、母猪存栏300头以上、奶牛存栏1500头以上、肉牛存栏3000头以上。

(4) 畜禽养殖设施建设投资也将由过去建设投资少、条件差的简易大棚,发展为专业化、标准化、规模化的畜禽养殖栏舍。 畜禽养殖的设施:结构优良,满足保温、通风、供暖、降温、供水、供料、环境卫生达标等要求,逐步达到发达国家标准。

(5) 畜禽养殖管理科技水平也从靠经验养殖,转变到由养殖专家进场服务、依靠专业化技术管理的模式。 畜禽养殖按照专业化的要求,制订规范的养殖方案,包括环境卫生、畜禽种苗、防疫免疫、营养标准和规范管理等要求。

(6)养殖小区也将由农家庭院、村前屋后，转变为远离村庄的空旷养殖专属地带，建设规范化、标准化的专业养殖小区。畜禽养殖作为一项产业，必须有规范的养殖场所、合理的设施布局。考虑环境卫生和疫病防控的要求，应该远离农村人口居住区。

未来国内一条龙经营的特大型农牧企业，其所采取的"公司+基地+农户"规模化畜禽养殖生产经营管理模式，将先在肉鸡养殖产业得到实施。然后才逐步扩展到生猪、蛋鸡、肉牛和奶牛的养殖生产管理。这样畜牧养殖产品市场行情将趋于稳定，畜禽养殖环境也将得到改善；畜禽养殖产品通过防疫技术推广、生产过程规范化管理，减少畜禽养殖疫病，无投药方式的畜禽养殖生产将成为可能，养殖成本将大幅降低，畜禽产品质量和食品安全将提高，畜禽粪便将得到无害化处理使用，农村的农田土壤将得到改善等。

■ 模式4："公司+基地+标准农场"（畅想未来）

我们可以乐观地设想，将来国内一些特大型农牧企业将从"公司+基地+农户"发展到"公司+基地+标准农场"的生产组织和管理模式。其中，"标准农场"既有可能是农牧企业投资建设的，又有可能是由传统分散养殖"农户"发展建成的。一条龙经营的特大型农牧企业开办的"公司+基地"，将经营畜禽种苗、饲料、畜禽养殖（在专业化、标准化和规模化养殖场完成）、畜禽屠宰加工和产品配送销售等业务。"标准农场"将成为一条龙经营、特大型农牧企业分散的生产基地，它将引导畜禽养殖农民从分散养殖的模式转变成为标准化农场的农

第四章
规模化生产：效率之源

场主。这对中国农业产业化发展具有划时代的深远意义。

　　当然，一条龙经营的特大型农牧企业，也应当在国家政策引导和地方政府的支持下，寻求社会各方面力量的援助，先行投资建设一批专业化、规模化的畜禽养殖示范"标准农场"，并通过企业良好的经营管理取得畜禽养殖的利润。这样就可以争取地方政府，倡导、组织和扶持当地农民，参加畜禽养殖"标准农场"的建设，并带动其他有资金实力、有志于发展养殖事业的单位和个人，一起投资建设畜禽养殖"标准农场"。

　　一条龙经营的特大型农牧企业，要积极支持社会各界参与建设畜禽养殖专业化、规模化的"标准农场"，要帮助他们开展养殖"标准农场"的选址、工程设计等前期工作，要组织畜禽养殖专家对"标准农场"提供畜禽养殖技术服务，帮助他们自营或租赁给有经验、懂技术的专业人员经营，取得经济效益。

　　一条龙经营的特大型农牧企业实行"公司＋基地＋标准农场"的紧密型合作，都要与"标准农场"的农场主签订产品生产销售合同，要为"标准农场"提供畜禽种苗、饲料、兽药和养殖技术服务，回收畜禽养殖产品，经屠宰分割加工后推向市场。

　　这里要强调的是，一条龙经营的特大型农牧企业在日常的生产经营管理过程中，各业务板块的产品交易不能吃"大锅饭"，应模拟市场行为进行交易，按当天产品市场的价格和质量要求进行交易结算，由各产业板块自负盈亏。只有这样，才能保证产业板块之间交换产品的质量，才能降低交易费用、生产成本。

　　一条龙经营的特大型农牧企业组建"公司＋基地＋标准农场"的

生产经营管理机构，一般是以畜禽屠宰加工厂为"公司"，配套的种畜禽场、饲料加工厂和兽药厂等为"基地"，示范带动养殖户参与建设"标准农场"。

山东柳河集团先在平度成立了一家肉食品"公司"，与全国各地肉食品经营单位建立产品销售联系。然后，投资建设了一个年宰杀肉鸡3600万只的食品冷藏加工厂（投资8000万元）、一个15万套父母代肉种鸡养殖场（投资2000万元）、一个年产能20万吨的饲料厂（投资3000万元），该企业所属兽药厂为养殖户提供兽药和疫苗，形成"**基地**"。

该企业为了确保肉鸡产品质量，按照专业化、标准化和规模化的要求，在平度周边农村租用荒地，投资建设存栏10万只肉鸡的专业化、规模化的示范养殖"**标准农场**"20个（投资8000万元），目的是带动周边肉鸡养殖户，参与建设"标准农场"，参与企业的生产经营。该企业与周边的肉鸡养殖户签订了肉鸡养殖生产销售合作协议，为肉鸡养殖户提供鸡苗、饲料、兽药和免费的技术服务，收购毛鸡，经宰杀分割加工后，由该企业的肉食品公司销往全国各地。

该企业"公司+基地+标准农场"设施的总投资约2.1亿元。

经过努力，该企业在山东平度发展肉鸡养殖专业化、标准化和规模化生产管理，达到了较高的水平。肉鸡养殖产品质量、食品安全和生产成本控制都达到了当前发达国家的先进水平，成为山东乃至全国发展专业化、标准化和规模化肉鸡养殖的先进典范。

第四章
规模化生产：效率之源

案例：5年5亿元——肉鸡养殖大王的成长

■ 从落后到初步的标准化、规模化

1998年以前，山东沂水及其周边地区肉鸡养殖都是以简易鸡棚为主，而且大多数肉鸡养殖户观念落后，棚舍简单，规模较小，技术落后，管理粗放，养殖效益不好。

沂水郡和农牧公司的创始人刚从山东农业大学毕业，来到山东的一家大型农牧企业工作，先后在肉鸡养殖场和产品销售部门工作5年多，在肉鸡养殖和产品销售方面积累了较为丰富的经验。

2003年，他回到老家，租用了约1.3公顷荒山，建设了全县第一个存栏6万只肉鸡的养殖场。鸡舍采用砖混结构，肉鸡在网上平养，自动清粪，风机降温，养殖生产管理科学规范，当年就获得了很好的经济效益。

2005年，他又筹资建设了当地第一个肉鸡存栏15万只的标准化大型养殖场，占地4公顷，场内生产区与生活区隔离，道路净污分开，配备有病死鸡焚烧炉、粪便污水无公害处理设施等。鸡舍内采用了自动化的喂料设施，自动供水、自动供暖、自动换气、自动降温，鸡舍实现自动化管理，每栋鸡舍配备一名饲养员就可以完成所有工作。现代化的肉鸡养殖设备保证鸡舍环境可控，不仅提高了劳动效率，还使养殖效益大幅度提升了。

■ 成立肉鸡养殖联合企业

2007年,随着当地肉鸡养殖规模不断扩大,他与合伙人成立了沂水郡和农牧公司。他根据多年的肉鸡养殖实践经验,整理了一套肉鸡饲养技术标准和管理方法,用科学化和规范化的养殖管理方法,提升当地传统分散的肉鸡养殖管理水平;并通过技术服务方式引导当地肉鸡养殖户,走上科学化和规范化的肉鸡养殖生产管理之路。

2008年,随着沂水郡和农牧公司生产经营规模进一步扩大,他又与当地的25个肉鸡养殖大户签订了肉鸡养殖生产销售合作协议,组织成立了当地第一家"公司+基地+农户"的肉鸡养殖联合企业。

该肉鸡养殖联合企业指导和帮助当地肉鸡养殖户,建设标准化的规模肉鸡养殖场,改善肉鸡养殖的环境和技术条件,引导肉鸡养殖户开展科学养殖,选择品质好的鸡苗,使用品质好的饲料和兽药。

该养殖联合企业在各个生产基地聘请了一批畜牧兽医专家和有经验的技术员,巡回为肉鸡养殖户提供养殖技术服务。一方面,及时解决养殖户在养殖过程中的技术问题,使农户发展肉鸡养殖生产有了技术保障,扩大生产规模,没有后顾之忧;另一方面,监督肉鸡养殖户的生产过程,随时对肉鸡养殖户的养殖产品抽样化验,杜绝了肉鸡养殖户滥用违禁药物和添加剂的现象。

该养殖联合企业负责回收养殖户的毛鸡,销售后扣除鸡苗、饲料和兽药费用,给养殖户结算养殖收入。养殖户每批次只要养6000只肉鸡,就能赚18000多元。勤快的养殖户一年能养6个批次的肉鸡,每年收入不低于 10 万元。农户加入该养殖联合企业获得了效益，一传十、十传百，当地养殖户纷纷加入进来。

该养殖联合企业扩大生产经营规模的做法是，先帮助有意愿加入养殖联合企业的农民改善养殖条件，提高他们的肉鸡养殖技术。经该养殖联合企业生产管理部门考核养殖户，养殖鸡舍条件和养殖技术能够达到养殖联合企业的要求，双方签订养殖生产销售合作协议后，才能成为该养殖联合企业的正式成员。

经过几年的努力，该养殖联合企业在当地建立和完善了肉鸡养殖"公司+基地+农户"的生产组织和管理模式，在当地远近闻名，成为有影响力的农牧企业，许多外地的农牧企业都慕名前来参观取经。

该养殖联合企业"**公司**+**基地**+**农户**"中的"**公司**"，已经成为山东肉鸡养殖业有影响力的农牧企业，该企业肉鸡产品销售额超过 5 亿元；"**基地**"在当地集中了数家肉种鸡养殖场和孵化场、饲料加工厂、兽药厂、肉鸡屠宰加工厂和鸡产品销售公司；"**农户**"也开始由原来分散养殖的农民转变为具备标准化养殖设施、掌握科学养殖技术的农场主。

■ 通过"六个统一"做好"公司+基地+农户"

该养殖联合企业经过多年的探索和不懈的努力，"**公司**+**基地**+**农户**"的规模化养殖生产组织和管理水平有了长足的发展，成功总结出了一整套实用的、便于操作的"六个统一"管理办法。

（一）统一规划布局

该养殖联合企业按照当地养殖产业发展规划的要求，本着科学布局、合理安排的原则，统一对分布在各地养殖小区的生产单元进行科学规划，尽量节约资源，方便养殖户就近安排生产、生活。

（二）统一养殖设施

该养殖联合企业确定统一使用标准化的养殖设备，指导、扶持和帮助养殖户选择使用标准设备，加快养殖设施改造和标准化养殖场的建设。

（三）统一物资采购

该养殖联合企业统一为养殖户采购、提供养殖设备，良种鸡苗、优质饲料和高效兽药等，并与专业养殖设备厂家、原种鸡养殖企业建立了长期合作关系，为养殖联合企业提供原种鸡的配套设施。

（四）统一技术服务

该养殖联合企业与山东农业大学、科研院所建立了长期的技术服务合作关系，常年聘请农牧兽医专家和养殖技术员，及时为养殖联合企业、养殖户提供养殖技术服务和疫病防治解决方案。

（五）统一毛鸡销售

该养殖联合企业按略高于肉鸡养殖市场产品价格的原则，统一收购养殖户的毛鸡，经屠宰加工后推向鸡肉市场。同时保证肉鸡产品及时上市销售以及销售款项及时回笼。

（六）统一资金互助和利益分配

该养殖联合企业利用农户养殖中的时间差，统一调剂使用生产流动资金，在联合企业成员之间进行内部有偿互助。该养殖联合企业为养殖户销售毛鸡后，将产生的销售利润按养殖户销售毛鸡的数量进行利润分成。

变局下的农牧企业 9大成长策略

第五章　队伍建设：栽好梧桐树，引来金凤凰

农牧企业由于其工作的特殊性，员工工作环境和生活条件相对较差，劳动强度较高，城镇人员一般不愿意选择农牧企业就业。农牧企业发展生产需要取得土地使用权，安排依附于有土地的农民又可能成为企业的包袱。一方面，农牧企业需要懂技术、会管理的专业人员，不好招聘；另一方面，要安排出租土地的农民进厂务工，不好安排。因此，员工队伍结构复杂、需求不一，这增加了农牧企业的人力资源管理难度。

第一节　如何选择、任用、培育和留住人才

■ 建立良好的人才选聘任用机制

近年来，随着国内农牧企业的快速发展，懂技术、会管理的农牧专业人才备受企业青睐。因此，农牧企业要想得到人才，就必须建立良好的人才选聘机制。

农牧企业员工的薪酬和职务待遇是选聘和留住他们的基本条件和工作动力，强化全员绩效考核管理、与薪酬和职务晋升挂钩是农牧企业人力资源管理的主线。农牧企业人力资源管理要做好以下几方面工作：

（1）**农牧企业选聘人才**。首先要考虑被选者的志向，要让被选者尽可能多地了解农牧企业，形成被选择者个人奋斗意愿与农牧企业同向发展的双赢局面。

（2）**农牧企业任用人才**。讲究任人唯贤、德才兼备，用人不疑、疑人不用；要信任年轻人，压重担子，扶上一程，要为敢于创新、开拓

局面的人才承担风险。

(3) 农牧企业培养人才。 要强化其专业知识和业务能力，更重要的是，要加强对其优良品质和性格的培养，要让他们具备正直、诚信、和谐、友善的为人处世的心态。

(4) 农牧企业留住人才。 要通过待遇留人、事业留人、环境留人和文化留人的方式留住人才。同时，企业要加快发展，让人才有更大的施展才能的空间，这才是留人的最好方式。

湖南翔达农牧企业集团就有一套科学规范的选人和用人机制，它根据企业发展战略规划，面向全社会，不拘一格，选聘愿意为农牧企业服务的，也是企业所需的有用人才。为了让各类人才安心工作，该企业薪酬方案设计尽量采取底薪加奖励的模式，底薪以同行业最高水平为标准，关于奖励方案设置，该企业也有一套标准：

(1) 对从事技术工作的人才， 根据他们参与新产品开发或其他科研项目，为企业带来经济效益的情况，以新产品或科研项目年度创造经济效益的总额比例提成，或以新产品开发和科研项目成果评奖的方式给予奖励。鼓励从事技术工作的人才发挥其主观能动性，在企业具体的生产技术管理和产品研发过程中做出应有的贡献。

(2) 对从事企业管理的人才， 采取"目标管理"奖励方式，制定一定期限的各项经营和管理考核目标，根据目标达成情况和产生的经济效益，确定个人和团队的奖金额。企业在制定各项经营和管理考核目标时，一般依据历年的经营情况和企业发展的新要求，与经营管理团队和负责人共同协商确定。

(3) 对从事市场营销的人才，一般以市场营销业绩为依据确定报酬，辅以新市场开发和老市场维护的"目标管理"，鼓励市场营销人才开拓市场，培育潜在市场。具体的奖励方式有销量提成、销售额提成、销售利润提成、销售增长比率提成、开发新客户提成等。鼓励人才推动企业品牌建设，为企业发展做出贡献。

(4) 对高级管理人才和顶尖技术人才，一般实行股权激励的方式，让高级管理人才和顶尖技术人才成为企业核心团队的主人，与企业的发展共命运。

此外，该企业还经常在全集团公司以各种形式表彰企业的各类优秀人才，提高他们在企业的政治地位，营造全企业尊重知识、尊重人才的良好氛围。该企业还想方设法地帮助各类人才，解决在当地的住房、交通、配偶调动、就业和子女教育等问题。总之，该企业尽一切力量为企业的有用人才解除后顾之忧，增强他们对企业的归属感。

■ 解决员工各方面的后顾之忧

生产一线的技术员和操作工人，因为工作艰苦、生活单调，很容易流失；产品销售人员长年工作在外，居无定所，面对市场各种艰难的挑战，工作压力巨大，也容易流失；中高层管理人员，面对复杂的经营环境和不确定的市场行情，要完成上级交给的工作任务、达成经营目标压力巨大，还有来自同行业竞争厂家的诱惑，中途跳槽的可能性较大。

农牧企业的高层领导要经常与他们联系，要定期走访，加强思想交流和沟通。从关心他们的工作条件、衣食住行、口袋里有没有钱开始，

第五章
队伍建设：栽好梧桐树，引来金凤凰

与他们交流，了解他们工作、学习和生活的情况。只有用真情温暖他们，留住他们的心，才能推动他们努力工作。

湖南翔达农牧企业集团对一线员工的管理，就是在不断完善各项制度、强化过程考核的基础上，讲究以人为本、上下级相互服务的人性化管理。该企业要求各级管理人员在工作中，都要有自觉的服务意识，要给自己的下属树立榜样，做到上级做给下级看、一级带着一级干，要为下级开展工作、完成工作任务提供方法和思路。

该企业制定了企业管理人员开展走动式管理的相关制度，要求每位高层管理人员，每月定期走访基层，深入了解一线员工的工作和生活情况，帮助他们想办法，克服困难，共同解决问题，完成企业交给的工作任务。

比如，该企业的生产管理部门总与车间装卸工发生矛盾，特别是在炎热的夏天，生产任务一多，装卸工人完全依靠肩扛手提，既要搬运生产原料，又要发运产品，劳动强度极高。一天下来，很多工人都不想干了，车间主任拿生产计划压人，装卸工就闹事。

该企业有一个高管到车间与装卸工人交谈，他表达了对装卸工人辛苦劳作付出的感谢，也理解车间为完成生产任务的急迫心情，指示工程部门加快采购叉车和皮带输送机的工作。这样既减轻了装卸工人的劳动强度，又提高了车间原材料和成品装卸的工作效率。

该企业为从事开发市场的业务员制定政策，资助他们的配备汽车跑市场，并提高了原有的车辆出勤补贴、出差食宿补贴等。在改善他们工作条件的基础上，提高他们走访市场的工作效率。同时，也加大了他们开发市场的工作压力。该企业业务员的待遇是基本工资加提成，提成上不封顶，很多业务员的收入比总经理还高。

该企业确定中高层管理人员的工资待遇与他们的经营绩效和目标达成率挂钩，其收入水平参照同行业其他厂家确定，一般是同行业其他厂家人员的两三倍。

该企业所有员工的一日三餐和住宿都是企业免费提供的，该企业还经常开展一些有益于健康的文娱、体育活动，丰富员工的业余文化生活。

■ 想方设法留住好员工

满足员工正当利益诉求的同时，为员工提供安全健康的工作环境、较高的工作报酬，并设法提高他们的工作能力。

对企业高端人才的管理，要积极为他们创造成功的环境和条件，要让他们在实现自我的同时，使企业更快地发展。一些农牧企业在新建现代化规模养殖场时，会采取与生产和管理人员共同参股投资的方式，按投资比例承担生产经营的责任和市场风险，分享养殖经营的利润。也有的农牧企业是给高端人才直接配送新建养殖场的分红股份，不让他们承担单个养殖场的经营风险，按高端人才的投资额或配送的股份，从企业年度经营总利润中扣除应缴税费和应提公益金、公积金等项费用后，提出相应款项分红。

山东河源农牧企业在发展生产、建设现代化规模养殖场时，培养养

第五章
队伍建设：栽好梧桐树，引来金凤凰

殖场的员工认同企化文化，要求员工吃苦耐劳、尽心尽力地去完成企业交给的各项任务。

该企业配备现代化规模养殖场的管理团队时，一般会从原有的高管团队内选择优秀的总经理担任养殖场长，从技术团队内选择负责的技术员担任技术主管，从优秀员工中选择养殖生产人员，并按分工和工作性质派往国外企业学习。

（1）该企业会与养殖场生产和管理团队签订长期劳动合同，只要员工本人不提出离职，企业一般不会辞退员工。如果生产和管理出现人为问题，该企业还是要求各级领导要通过耐心细致的思想工作解决问题，不能用简单、粗暴的手段处理员工。由于养殖场地处偏远农村，工作较为辛苦，该企业养殖场的员工收入高于同行业其他企业的员工。

（2）该企业董事会决定，将现代化规模养殖场总投资40%的股份，奖励给养殖场生产和管理团队所有人员，具体分红比例按员工在养殖场工作承担的责任确定。这是希望在养殖场工作的全体员工，能把企业的事当成自己的事做。

（3）该企业按照现代化规模养殖场的生产管理流程和相关制度要求，对养殖场所有的员工开展上岗前的岗位培训。要求员工必须熟练掌握生产管理流程中的每一个细小的环节，严格遵守生产管控的各项制度要求，自觉履行工作责任，完成工作任务。

（4）该企业根据养殖行情的变化、不同养殖场的规模、各个养殖场的生产和管理趋于稳定成熟等情况，分别与不同的养殖场生产和管理团队建立全员绩效考核管理，并按照畜禽养殖周期进行养殖生产效益考核和兑现奖励。

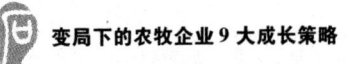

(5)该企业考虑养殖场地处偏远地区,员工生活单调,承诺在每年带薪休假期间,会尽量多安排优秀员工到国内外旅游胜地度假。

第二节　如何培养和激励员工

■ 根据生产需要进行有针对性的培训

农牧企业应按照不同的生产特点和发展要求,对各部门各级员工进行有针对性的培训。用精神鼓励和物质奖励相结合的方式,激发员工的生产积极性、主动性和创造性。

山东柳河集团招聘农牧专业刚毕业的大学生,让他们开发市场。对这些新入职的、即将接触产品销售工作的市场营销人员的培训,该企业一方面请老师,给他们讲述产品销售的专业知识和技能;另一方面,让他们到市场开展实战培训。

该企业制定了一整套培训业务员的大纲。

宣讲类:销售业务技能、企业基本制度、思想政治觉悟、职业发展规划等。

实训类:由基层公司业务经理带队,带领新入职的大学生营销人员,选择畜禽养殖旺村举办产品销售实训活动。

该企业特别注重对新入职大学生营销人员的实训,要求新入职的大学生营销人员进入销售实训的养殖区,认真做市场调研,一家一户地了

第五章
队伍建设：栽好梧桐树，引来金凤凰

解养殖户的养殖品种、养殖规模、栏舍建设档次、防疫免疫程序、饲喂管理水平、使用饲料和养殖效益等情况，建立养殖户的档案，分析养殖户最迫切的服务需求，为养殖户提供综合养殖技术服务。

新入职的大学生营销人员不管是烈日当头，还是风吹雨打，他们每天骑着自行车早出晚归，来往在农村养殖小区养殖户的棚舍。与养殖户一起劳动，学习畜禽养殖技术和饲喂管理方法。他们白天在养殖场，晚上回住处，集中在一起汇报市场情况，讨论当天的工作，接受业务员经理对市场工作的讲评和业务培训，调整明天的工作计划。

该企业还专门聘请了讲师，对新入职的大学生营销人员进行销售业务技能、企业基本制度、思想觉悟、职业规划等方面的培训，这些大学生就这样一边干、一边学。

该企业把开发产品市场的主要精力放在为养殖户提供技术服务上，使新入职的大学生营销人员感悟到，该企业将根植于本土畜牧养殖业，为中国的农牧业发展努力奋斗。

这些新入职的大学生营销人员，经过一年多的培训和实习，他们都能与当地的养殖户建立比较好的感情。当养殖户离不开他们的技术服务时，他们的人生就有了价值，企业的产品销售自然也就不成问题了。该企业用这种方式开发市场，既有营销人员辛勤工作和感情的投入，也有企业为所有营销人员支付薪金的投入；该企业给大学生销售人员的待遇水平，与在同一区域直接为养殖户和经销商服务、销售产品的业务员的基本工资水平一致。

■ 高端人才的激励与管理

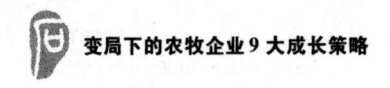

国内农牧企业对高端人才的激励与管理，一般是参照国家有关奖励政策，结合行业高端人才市场机制，推行竞争上岗、优胜劣汰的用人制度。有些企业也开始采用试用制度和公示制度，推行企业高端人才任职的聘任制和合同化管理模式。

国内农牧企业对高端人才的工作绩效考核和奖励，一般是根据企业发展战略目标，制定各级各类高端人才相关的绩效考核分项指标。在企业确定的工作考核期内，根据高端人才的工作业绩和其他表现，与阶段或年度评先、评优，岗位转换，提薪和晋职挂钩，形成高端人才公平、公正、公开选聘、任用、奖励和晋升的机制。

江苏沐禾农牧企业集团对高端人才的管理，主要采用激励的方式。

原来，一段时间内，该企业对高端人才的管理思考这样一个问题：为什么战争年代的人才成长得非常快，二十几岁的年轻人就可以当师长或军长，就可以领兵打仗，而和平时期的人才成长就相对慢了？该企业经过分析发现，这是因为战争年代人才成长面临着生与死的巨大压力和考验。

所以，该企业推动人才成长管理，希望模拟"战争年代"的压力氛围。1998年前后，该企业提出二次创业的口号，激发企业高端人才的创造激情。对企业高管团队提出每年倍增的5年发展战略目标，给高管团队生与死的压力考验，迫使他们开动脑筋，全身心投入，创造奇迹。如果完成任务了，他们每年可得到原来3倍的年薪和奖金；如果没有完成任务，他们将被免职，在原单位做一年普通员工，一年后才可以再次获得机会。

结果证明，2/3的高管人员带领团队努力奋斗，创造了业绩成倍增长的奇迹，完成了年度任务，拿到了原来3倍的收入。他们也为此付出了难以想象的努力。

该企业在激励高管团队的基础上，加强了对所有员工的思想政治工作，把企业发展成为世界一流的农牧企业的美好前景描绘给员工，让员工将个人奋斗与企业的发展联系起来。该企业还制定了对高管团队人员的股权激励方案，给所有员工分别制定了工作奖励的制度，使大家都能在自己的工作岗位上努力奋斗，为企业的发展建功立业。

该企业经过5年的努力，企业发展跨出了三大步。

（1）打造了一支具有较高素质的中高层管理团队，为企业发展奠定了坚实的基础。

（2）产品年销量从8万吨提升到100万吨，形成规范化生产和经营管理模式。

（3）在产业链延伸发展的基础上取得了成绩，形成畜禽养殖、饲料加工、食品冷藏加工和生物科技等一条龙经营模式，年产值突破200亿元，年创利税超过10亿元。

■ 基层员工的激励与管理

农牧企业对基层员工的管理和激励，要以提高基层员工素质和就业能力为基础，在要求员工提高生产效率的同时，提升员工的薪酬水平，改善员工的生活条件。

要营造良好的学习氛围，加强对基层员工的培训，企业要注重基层员工之间的知识交流，积极推行师傅带徒弟的传帮带制度。这样新员工就能够在较短的时间内，向师傅学习到上岗的知识，尽快进入工作状态；老员工也可以向新员工学习一些新知识、新观念和新技能；成长中的员工可从先进员工那里，学习提高自己的工作效率和工作质量的方法。

管理人员要经常与基层员工进行思想交流，了解他们的思想状况；结合工作考核，肯定成绩，分析问题，使他们感受到企业重视自己，明确今后改进工作的方向。

湖南亭湖农牧企业对基层员工的管理和激励，就是从强化生产基地的管理入手，针对生产基地存在的管理规章制度不健全、生产消耗无科学定额、成本核算不精确、纪律松弛、跑冒滴漏严重、安全隐患多等问题，进行科学化、规范化管理。

该企业要求生产基地的管理人员带领基层员工，通过加强基础管理、建立健全各项管理制度、完善生产作业流程提升企业整体的管理水平。

(1) 科学设置生产岗位。做好定岗、定编和定员工作，做好生产班组建设，强化现场管理，建立严格的岗位责任制度（包括交接班、巡回检查、设备维修、安全生产、文明生产、质量管理、班组核算、岗位练兵、班组思想工作等）。在员工上岗前，组织员工进行学习培训，使每位员工都能熟知生产流程和各项制度，并能自觉遵守。

（2）营造良好的学习氛围。 加强对基层员工岗位技能和个人素质提升的培训，使每位基层员工都能胜任和热爱自己的工作岗位，并按照企业行为规范、管理制度、工作目标工作。同时，要强化基层员工的工作职责（包括产量、质量、消耗、工时利用率、废旧利用率、事故损失率等），接受上级管理部门的质量检查与生产考核。

（3）完善考核制度。 完善生产基地对基层员工的量化考核指标（包括生产任务、质量管理、物耗、能耗、安全、生产现场管理、工时、成本、基础工作、经营计划、精神文明等），建立健全管理工作标准和原始数据的汇总制度，让每位员工都能明白自己肩负的企业经营管理量化责任，并通过规范化和制度化的方式组织生产，将员工薪酬与考核的关键指标联系起来。

该企业要求生产基地管理人员安排时间，聘请教师，积极推动基层员工加强培训学习，尽可能通过提高他们的工作技能，提高他们的工资收入水平。同时，企业也在优化生产条件的时候，不断完善基层员工的生活设施，以期提高员工的生活福利水平。

第三节　农牧企业如何推行全员绩效管理

■ 推行全员绩效管理的基本原则

农牧企业推行全员绩效管理应遵循以下基本原则：

（1）农牧企业推行全员绩效管理必须有明确的发展战略和经营目

标，要让企业全体员工明白为什么要这样做，这样管理对企业和员工有什么好处。

（2）推行全员绩效管理的基础工作，要做到岗位设置合理、职责权限划分清晰。员工绩效管理的内容设计和确定要有员工广泛参与，要听取被考核人的意见和建议。

（3）企业推行全员绩效管理工作，应该由总经理直接参与、各部门经理充分配合、人力资源和相关管理部门运用专业手法，做好员工绩效管理的数据测评和具体考核方案。

（4）企业推行全员绩效管理工作、落实各项管理制度的过程，就是企业全员上下沟通、学习、辅导，提升企业经营管理能力，提高企业经济效益的过程。

四川铁犁饲料公司开展全员绩效管理，首先提出了3年发展战略规划；然后要求各职能部门制定相应的3年工作规划。各职能部门经理与公司人力资源部经理沟通，交流后报公司总经理，最后组织讨论、修改、汇编，确定企业3年发展工作目标。

该企业产品销售部根据3年发展战略规划，进行了相关市场调研，分析了企业的资源掌控情况，做了与竞争对手的优势和劣势比较，剖析了本企业的市场机会和竞争挑战。然后，根据本企业历年的销售情况，与企业今后3年发展战略规划要求相适应，初步制订了今后3年的产品销售工作计划，并将其分解落实到了5个下属销售公司。

该企业销售部对市场营销工作进行了调整和安排，通过老业务员带新入职人员，老业务员留守老市场，新成长起来的业务员开发新市场，

第五章
队伍建设：栽好梧桐树，引来金凤凰

全面推进市场开发，实行"裂变"式的营销模式，充分发挥年轻人的营销潜力，推动企业市场营销取得成功。

该企业销售部认为，猪料市场要稳定发展，禽料市场目前发展趋势较好，要继续加大投入，快速提升销量。各区域市场要创新工作方法，保持产品销量稳步增长。

该企业销售部根据产品销售分布区域，新成立了川东分公司、川南分公司和川北分公司3个销售分公司，进行精细化运作。销售部机构调整后，分为5个销售分公司：浓缩料部公司、川东分公司、川南分公司、川北分公司、猪场部公司、禽料部公司。

对业务员的激励机制

市场营销人员实行"基本工资+销量提成"的考核方案。市场销售人员的基本工资为3000～5000元/月；销量提成：传统销量40元/吨，新增销量80元/吨。其中，基本工资全额发放要考核出勤率、客户投诉率、经销商管理、市场管理和遵纪守法等内容。

市场维护人员实行"工资+出差提成+超目标奖励"的考核方案。市场维护人员基本工资3000～5000元/月；出差提成（维护传统销量目标不降低）：传统销量40元/吨，新增销量80元/吨（维护销量降低时，从基本工资内按40元/吨扣发）。其中，基本工资全额发放要考核出勤率、客户投诉率、经销商管理、市场管理和遵纪守法等内容。

新招聘的营销人员实行"保底工资+超冰点增量提成"的考核方案。保底工资为1600～2200元/月，第一个月冰点3吨，第二个月冰点6吨，第三个月冰点9吨。3个月后，可经过销售业务评级，确定基本工资水平，做好市场营销或市场维护渠道工作。也就是说，新进业务员从第二个月开始，每个月必需递增完成3吨、6吨和9吨销量，达到冰点销量发保底工资，达不到冰点销量扣发一定数量的保底工资，超过冰点按奖励100元/吨销量。

市场维护及拓展工作由销售部经理负责，合理安排市场开发区域和人员的工作。

网络开发策略

把产品营销网络延伸到乡镇一级的客户群体，尽量避开总代理或总经销的客户。最好是用户直接提货，减少中间环节对养殖户的盘剥，但要注意保证产品经销毛利不被透底；给直供客户的优惠款可在下月提货时冲减产品货款。

产品策略

最好在每个区域市场做到每个经销客户经销一个系列的产品，一个系列产品包括仔猪开口料、仔猪保育猪料、母猪料、育肥猪料4个类别的产品。

价格策略

对同一市场区域的所有新开发的客户，坚持全部产品统一销售价格的原则；在推进产品销售方面，有统一发放奖品、给予客户即时降价等优惠政策。

促销策略

每月必须免费为5个新开发客户，分别做好一处店面促销宣传栏。

政策支持

每月做3场科技示范活动、3场科技讲座，由公司承担全部的费用。

新客户开发流程

市场调研——客户拜访——开发洽谈——申请新客户开发政策——申请表审批过程——为新客户建档开户——月底交客户身份证复印件（客户回访）。

考核方案要先由销售部由下至上、由上至下地反复讨论定稿，再交由人力资源部与销售部共同协商拟定，并细化成月度、落实到每个业务员肩上的工作"目标管理"方案。最后，报企业经管会批准执行。每月当经营管理报表出来后，绩效考核人要与被考核人进行绩效面谈，双方分析经营情况，调整工作部署。必要时，可请经管会调整考核指标。

■ 三级绩效考核指标体系

企业全员绩效考核管理要以三级绩效考核指标体系为核心，三级绩效考核的指标体系包括总经理绩效考核指标、各部门绩效考核指标和不同岗位绩效考核指标。

总经理承担由董事会提出的年度经营计划各项指标，各部门承担由总经理分解的绩效考核各项指标，每个员工承担所在部门逐级分解的绩效考核各项指标。各级部门管理人员还应与各个岗位的下属员工针对如何完成绩效考核各项指标进行沟通，帮助员工梳理工作思路、形成工作计划、提出工作方法和应对策略，促进员工消除考核的思想负担，增强工作信心，努力把各项工作做好。

企业在周期性的员工绩效考评中，还要组织管理人员与被考核人员进行绩效考核面谈；双方对过去一个周期的绩效考核进行充分沟通，以

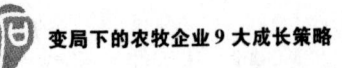

便对工作的优点、不足和改进措施达成共识。员工绩效考核达成目标要与管理激励方案配套，要让达成绩效考核目标的优秀员工，获得晋升和调配岗位的机会，获得奖金和加薪的机会，获得提升潜能开发、接受更高级别的培训和受教育的机会。

以下为四川铁犁饲料公司销售部三级绩效考核指标体系。

（一）销售业绩方面的绩效考核指标

（1）销售部经理销售业绩考核指标。如下表所示。

销售部经理销售业绩考核指标

	浓缩料		禽料		全价料	
销售部经理	2009 年	1500 吨/月	2009 年	3000 吨/月	2009 年	1000 吨/月
	2010 年	2300 吨/月	2010 年	4000 吨/月	2010 年	3000 吨/月
	2011 年	3500 吨/月	2011 年	5000 吨/月	2011 年	5000 吨/月

（2）各分公司主管销售业绩考核指标。如下表所示。

各分公司主管销售业绩考核指标

	川东分公司主管		川南分公司主管		川北分公司主管	
浓缩料部	2009 年	600 吨/月	2009 年	500 吨/月	2009 年	400 吨/月
	2010 年	900 吨/月	2010 年	750 吨/月	2010 年	650 吨/月
	2011 年	1250 吨/月	2011 年	1250 吨/月	2011 年	1000 吨/月

	猪场部主管			禽料部主管	
全价料部	2009 年	1000 吨/月	禽料部	2009 年	3000 吨/月
	2010 年	3000 吨/月		2010 年	4000 吨/月
	2011 年	5000 吨/月		2011 年	5000 吨/月

(3) 不同区域业务员销售业绩考核指标。如下表所示。

不同区域业务员销售业绩考核指标

	川东分公司业务员		川南分公司业务员		川北分公司业务员	
浓缩料部	2009 年	60 吨/月	2009 年	50 吨/月	2009 年	40 吨/月
	2010 年	90 吨/月	2010 年	75 吨/月	2010 年	50 吨/月
	2011 年	150 吨/月	2011 年	120 吨/月	2011 年	100 吨/月

	猪场部业务员			禽料部业务员	
全价料部	2009 年	100 吨/月	禽料部	2009 年	200 吨/月
	2010 年	200 吨/月		2010 年	300 吨/月
	2011 年	300 吨/月		2011 年	350 吨/月

（二）开发新客户方面的绩效考核指标

(1) 销售部经理开发新客户的考核指标。如下表所示。

销售部经理开发新客户的考核指标

	浓缩料		禽料		全价料	
销售部经理	2009 年	30 家/月	2009 年	30 家/月	2009 年	20 家/月
	2010 年	53 家/月	2010 年	40 家/月	2010 年	30 家/月
	2011 年	65 家/月	2011 年	50 家/月	2011 年	40 家/月

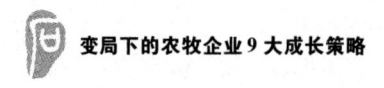

(2) 各分公司主管开发新客户的考核指标。如下表所示。

各分公司主管开发新客户的考核指标

	川东分公司主管		川南分公司主管		川北分公司主管	
浓缩料部	2009 年	15 家/月	2009 年	13 家/月	2009 年	12 家/月
	2010 年	20 家/月	2010 年	18 家/月	2010 年	15 家/月
	2011 年	25 家/月	2011 年	22 家/月	2011 年	18 家/月

	猪场部主管			禽料部主管	
全价料部	2009 年	20 家/月	禽料部	2009 年	30 家/月
	2010 年	30 家/月		2010 年	40 家/月
	2011 年	40 家/月		2011 年	50 家/月

(3) 不同区域业务员开发新客户的考核指标。如下表所示。

不同区域业务员开发新客户的考核指标

	川东分公司业务员		川南分公司业务员		川北分公司业务员	
浓缩料部	2009 年	2 家/月	2009 年	2 家/月	2009 年	2 家/月
	2010 年	3 家/月	2010 年	3 家/月	2010 年	3 家/月
	2011 年	3 家/月	2011 年	3 家/月	2011 年	3 家/月

	猪场部业务员			禽料部业务员	
全价料部	2009 年	2 家/月	禽料部	2009 年	2 家/月
	2010 年	3 家/月		2010 年	3 家/月
	2011 年	3 家/月		2011 年	3 家/月

（三） 内部管理和学习能力提升的绩效指标

（1）销售部经理内部管理和学习能力提升的考核指标。如下表所示。

销售部经理内部管理和学习能力提升的考核指标

销售部经理	强化对销售部、各分公司的管理；带领销售部所有人员加强学习，提升工作能力
	理顺开票、发货、核算、客服和业务回访等工作流程，强化销售部内部工作人员的服务意识；每年要从畜牧专业学院招收30~50名大中专毕业生，在销售部见习；从2009年开始，公司将制订销售人员学习提升计划，每月举行一次集中业务学习，每季度举行一次学习汇报，请有关专家授课和评议；力争到2010年实现所有业务专线都有自己公司的领衔专家，能够解决养殖户在养殖过程中的生产技术问题

（2）各分公司主管内部管理和学习能力提升的考核指标。如下表所示。

各分公司主管内部管理和学习能力提升的考核指标

浓缩料	各分公司主管：川东分公司、川南分公司、川北分公司、猪场部和禽料部主管
	区域内每周要召开一次业务主管碰头会，分析市场产品销售开发和维护工作；每月要准备对本区域市场工作的汇报材料，参加公司销售部召开的阅读销售会议并发言；2009年要招5名大学生进入本区域开展销售实习工作，以后每年都要新进6~7名大中专学生，参与市场开发和维护工作，以及销售市场工作；各分公司业务主管都要力争在两年内，成为公司在该业务领域的首席技术领衔专家

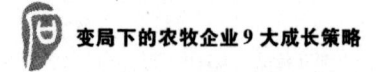

（3）不同产品线路、不同区域的业务员参加学习，提升业务能力的考核指标。如下表所示。

不同产品线路、不同区域的业务员参加学习，提升业务能力的考核指标

浓缩料	不同线路、不同区域的业务员：川东分公司、川南分公司、川北分公司、猪场部、禽料部所有业务员
	不同线路和不同区域的业务员，每天都要用出差当地的座机电话向销售管理部汇报当天的业务情况；每周都要向区域主管汇报一次销售业务开展情况；分析汇报产品销售开发和维护工作中遇到的问题；每月准备一份所在地区市场工作汇总报告，参加区域主管召集的销售会议，分析竞争对手的市场运作方式；每周要参加一次公司举办的网上业务学习，每月交一份学习体会和实习作业；业务员都要力争在两年内，成为公司在该业务领域的技术专家

　　细分方案经销售部经理、各分公司主管和所有业务员学习讨论、反复沟通，修改细节后（销售总量不变）由人力资源部细化成月度"目标管理"方案，落实到管理人员和业务员身上，最后由公司总经理或经营管理委员会审批执行。其中，销售部经理的绩效考核与薪酬管理方案不在讨论范围内，由公司总经理与其单独面谈确定。

　　全员绩效考核推进，按月对所有人员进行考核评估；公司要组织管理人员对被考核人员进行一对一的绩效考核面谈，允许被考核人对考核结果发表意见和看法，考核人要认真做好记录，以便分析问题和不足，对今后的工作予以改进和补救。

　　表彰和奖励绩效考核达成目标的优秀员工，以便为其他员工树立学习榜样。同时，要让绩效优秀的员工获得高级培训、晋升、加薪和奖励的机会。

第五章
队伍建设：栽好梧桐树，引来金凤凰

案例：广东嘉宝饲料公司人力资源管理模式

近年来，饲料企业发展较快，相关专业技术和管理人员、一线用工紧缺。为了解决人才紧缺的问题，广东嘉宝饲料公司与省内外几所农牧专业院校建立了长期的招聘人才合作，在某些农牧专业院校的一些专业，还建立了助学金和奖学金制度。

同时，该公司还与当地的劳务市场管理部门取得了联系，为公司选送一线的合格员工。饲料企业的从业人员两极分化现象比较严重：一线人员比较朴实，知识层面相对较窄，职业化程度不高，严格制度管理比较有效。高端人才基本素质较高，特别是高管和研发人员一般都有较高的学历和知识背景，文化引导和制度约束结合的管理比较有效。所以，饲料企业人力资源管理要采用分层次、多样化的管理模式。

■ 分层次、多样化的管理模式

我国的饲料业仍属于劳动密集型产业，在当前劳动力日渐紧缺、员工流动性较大、新员工培训周期长、培训费用较高的情况下，饲料企业要想办法留住现有老员工。

大多数一线员工来自农村，他们看重基本工资，对生活福利和工作环境要求不高；高端员工看重企业的发展前景、文化氛围，对职业规划有较高要求。这就要求饲料企业既要给员工及时足额发工资，关心员工的生活、福利，又要注重优化企业生产和生活环境，营造企业文化氛围,为员工的成长发展创造机会,打造事业平台。

广东嘉宝饲料公司以 10% 的员工流失率为警戒线,超过 15% 就要从用人机制、薪酬待遇、成长发展空间、业绩考核压力、文化氛围、价值观冲突和其他外界诱因查找原因。

2007 年,该公司成立了以各部门经理为主的内部讲师团,加强企业内部的培训工作。对企业一线的检化验员、电工、中控工、制粒工、机修工、安全主任和各级基层管理人员进行相关的业务培训,提高他们的工作技能和业务素质。

2009 年,该公司与华南农业大学合作举办了总经理级的管理硕士学位研究生的培养活动,提高企业高管人员的职业化管理水平,形成良好的学习氛围,为企业高管人员的发展成长创造机会,为企业的快速发展打造职业化的管理团队。

同时,该公司也非常重视企业文化建设工作。规范员工行为,打造企业团队精神,培养员工积极向上的人生观和价值观;统一企业识别系统,包括工作服、门卡、厂歌、厂刊和广告等。该企业还积极开展丰富多彩的文体活动,塑造富有魅力的企业形象。

■ 全员绩效考核管理

广东嘉宝饲料公司贯彻"为客户创造价值,为员工创造机会,为社会创造效益"的经营和管理理念,建立了管理沟通机制、高基层对话机制、员工信箱、薪资福利制度和绩效激励机制。该公司将年度经营目标逐级分解,不同层级和不同职位特点的员工考核方法不同,不同岗位的绩效考核重心不同,实现了企业全员的绩效管理和考核。该公司每年的绩效考核指标和内容,都是由上至下、由下至上,经过管理人员和一线员工反复讨论后确定的。

该公司在推进全员绩效考核管理时,对所有员工的薪酬待遇做了改革。从员工的月薪中划出部分绩效工资,少则几百元,多则几千元,这部分工资完全参照绩效考核结果发放,管理人员和一线员工都能接受,考核结果还作为评优、奖励和晋升的重要依据。

同时,该公司还建立了"总部对总经理,总经理对部门,部门对员工"的梯式考评结构,总公司成立了绩效考评小组,对各级员工的考评结果进行审议,接受投诉,杜绝和控制考核过程的感情因素,做到公平、公开、公正。该公司还将每季度的优秀员工作为年度优秀员工的候选人,评为年度优秀员工的人,不仅加薪和奖金,还在企业报刊、各种会议上给予荣誉宣传表彰,员工都以成为年度优秀员工为荣。

■ 鼓励有能力的高管到新市场创业

广东嘉宝饲料公司董事会决议,建立与高管人员长期合作的激励机制,建立以绩效考核为基础、提高薪酬、发放奖金和股权激励相结合的激励模式。该公司在推行全员绩效管理的基础上,对完成年度经营计划的高管及团队成员,发放的工资和奖金是同行业平均水平的2~3倍,鼓励经营管理高管团队带领员工努力工作,开拓业绩。

对有条件组建生产经营团队,能带队创业的高管人员,可由其带队赴新的饲料市场区域办厂创业。该公司全额投资新建饲料厂,派驻财务主管和技术总监，占51%的股份，让能够带队创业的高管人员担任新饲料厂的总经理，让其创业团队占49%的股份（总经理可单独持股25%），股本金可由新饲料厂投产盈利分红后补交。

该公司让优秀员工创业持股的发展方案，可以最大限度地激发员工的工作热情，并从行业中吸引大量的优秀人才，从而提高了公司整体的市场竞争力。同时，该公司还采取国际通行的技术入股和新产品获利提成等措施，创新企业利益分配机制，使员工的利益与企业利益高度一致，真正实现了员工个人奋斗与企业同方向发展的良性互动。

该企业还根据生产和管理的需要，制订了企业全员学习和培训计划。在企业讲师团对各级员工开展相关培训的基础上，将部分高端技术和管理人员送入高等院校，与高校商定培养计划，提高他们的科研技术水平和管理能力。

该公司为提高一线员工的文化和技术水平，定期分专业在工厂举办各类学历教育和专业职能培训。要求一线员工在不影响日常生产和管理的条件下，早做计划，早安排，积极参加业余学习活动。该公司还有计划地选送一批高级技工和优秀班组长赴大学深造，为公司培养优秀的一线生产和管理人才，使企业的长远发展具有强大的后备力量。

变局下的农牧企业 9大成长策略

第六章 转型升级:不同时期的发展选择

农牧企业发展战略转型升级，是根据企业所处经营环境和市场竞争格局的变化，围绕发展战略和经营目标，对企业原有的运营管理模式、生产组织方式、内外部资源配置等做出调整、改进和持续创新。转型升级成功与否，决定着企业今后能否顺利发展。

企业为什么要转型升级？因为做企业如同"逆水行舟，不进则退"，必须要寻求发展，不发展，很快就会被淘汰。但是，企业每发展到一定的时期，都会出现影响其发展的瓶颈。也就是说，按照原来的路走，就没有办法走下去，走下去也不能发展。企业要对原有的运营管理模式、生产组织方式、内外部资源配置等做出调整、改进和创新。

企业人才队伍建设就是要为发展转型升级输送人才。面对竞争激烈的市场，企业必须时刻把人才队伍建设放在第一位，组建包括战略规划、市场调研、产品研发、生产技术、产品销售、售后服务和综合管理等人才团队，要培养一支能够在竞争市场上战胜对手的企业一线员工队伍。

企业发展战略转型升级与人才队伍建设互为基础条件，相互推进。

企业如果没有寻求发展的远大理想，就不可能聚集一大批能人志士；企业不组建一支能征善战的人才队伍，就不能获得健康快速的发展。

目前，国内一些农牧企业的发展转型升级与人才队伍建设，总是存在不协调、相互脱节的问题。不是发展转型升级没有战略方向，就是人才队伍建设跟不上，造成企业发展长期徘徊不前。既错过企业发展的大好时机，又造成了人才队伍的流失。

第六章
转型升级：不同时期的发展选择

根据对行业标杆企业的发展分析，我们应该清楚地认识到，企业处在不同的发展时期，其战略转型升级的工作重点选择和人才队伍建设的要求也不同。

第一节 发展初期的企业转型升级

企业创业围绕潜在客户寻找市场机会，生产管理和人才评价以市场机会为导向。这时企业以生存为第一要务，企业人才就是能够找到客户、推销产品、开拓市场的员工。当企业拥有一定的市场和客户群体，能够维持基本生存需求时，就进入了发展初期。**农牧企业进入发展初期，开始第一次转型升级，要在满足传统客户对老产品需求的同时，积极开发新产品以满足不同客户的需求。要通过调整产品结构，提高生产效率，强化为客户服务的方式，向所在区域市场发起冲击，与同行其他企业抢夺市场和客户。**这个时期，企业的工作重点是在不断提高原有产品质量的基础上，以客户需求为导向，进一步开发更多的新产品。同时加快产品结构调整，提高生产效率，为更广阔的市场区域和更多的客户群体提供更多、更好的产品，以及不同的品种选择和更高质量水平的服务。

进入这个发展时期，**农牧企业人才队伍建设，也要从以市场机会为导向选择人才逐步转移到为客户提供优质服务的能力导向选择人才。**农牧企业经营管理团队建设，也要向知识化、专业化、年轻化和本土化方向迈进，让员工考虑客户的需求和利益。

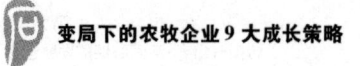

1993—1997年，山东柳河集团的饲料年销量达到8万吨，销售额3亿多元，税后利润过千万元，十几个人的小厂是当时富得流油的地方企业。

该企业的创业团队成员是有追求、有理想的人。他们本来可以在大学当教授、当院长，在国有企业当"旱涝保收"的总经理，几个人联手下海创业，确有实业报国的理想和追求。开始创业时，大家没想赚很多钱。经过努力，企业开始盈利了，可下一步如何投资发展，做强、做大企业，大家心里没底。怎么办？经董事会讨论，大家一致同意请高人指点迷津。

1997年年底，山东柳河集团引进管理咨询团队，开展关于发展战略规划和市场营销等课题，进行管理咨询和业务辅导。同年，该企业根据管理咨询团队的意见，拟定了今后5年的发展战略规划（到2002年，集团饲料销量100万吨、产值突破50亿元、利润过亿），全面贯彻微利经营、服务客户、近距离开发市场的经营战略，推动企业发展转型升级。

这一时期，该企业的人才伍建设方案也按照专业化、本土化和中龄化的要求全面展开。同时要求全体员工转变思想，加强业务知识学习，提升工作能力，从满足客户需求的角度出发，真诚地做好为客户服务的各项工作，推动企业快速发展。

在5年发展期内，该企业加快战略转型升级工作，**加大对新产品研发的投入力度，调整产品结构，提高了生产效率，强化了产品生产质量管理系统**，把该企业原来只能生产浓缩饲料的工厂，全部改建成既可以生产浓缩饲料，又可以生产全价颗粒饲料的现代化饲料厂。在全省各地

第六章
转型升级：不同时期的发展选择

建设饲料厂，为全面开发山东饲料市场打下了基础。

该企业按照微利经营、服务客户、近距离开发市场的经营战略，展开了对山东省内养殖市场全方位的进攻。不管养殖户住在哪里，只要养殖户有需求，需要什么品种和规格的饲料，就为他们提供什么样的饲料。同时，饲料产品的价格是按照养殖户销售养殖产品能够盈利、市场认可的产品质量，倒推企业自己的饲料产品配方成本制定的。也就是用市场倒逼配方成本的方式生产饲料，做到了微利经营，为养殖户提供质优价廉的饲料。该企业还聘请山东农牧系统在各地的知名畜牧养殖专家，免费为养殖户提供养殖技术服务，提高养殖户的养殖技术和管理水平。这样该企业在山东饲料市场与同行其他企业竞争的过程中，**赢得了大部分的市场份额和客户群体**。

这一发展时期，该企业对人才队伍建设提出了较高的要求，要求人力资源管理部门根据企业的发展需要，在引进各路人才的同时，加强对企业全体员工的培训。

（1）培训分部门、专业和工种，建立月度、季度和年度的培训、学习计划，对全体员工进行岗位技能和企业文化方面的培训，提高员工的个人素质和业务能力。

（2）每月召开总经理经营检讨会期间，要安排3天时间对高管培训，并做出计划：与高校合作，请教授在5年内，完成对所有高管人员工商管理硕士学位课程的教学。

（3）对长期在一线任职的高管人员，每年都要安排一次出国学习和考察。高管人员走出国门，了解国外农牧企业的运营和管理模式，对照自己的工作找差距、想办法。

(4) 员工每周工作 5 天；管理人员休假不分省内省外公司，统一每两周休息一次、每次 3 天，周五下午安排完工作后走人，周一早八点前回公司上班。

经过 5 年的奋斗，2002 年该企业的饲料年销量从当年的 8 万吨达到了 108 万吨，销售额突破 58 亿元、利润 1.5 亿元，成为山东农牧行业的龙头老大。

值得一提的是，该农牧企业经过努力，在山东、河南和江苏等地完成了县一级饲料产品生产基地布点和市场开发的布局工作，建设了 100 多家饲料生产加工厂和销售分/子公司。企业员工从 5 年前的几十人增加到 6000 多人，包括 200 多名大中专毕业生和研究生，仅副总经理以上的管理人员就有上百人之多。这为该企业日后的健康、快速发展奠定了坚实的基础。

第二节　中兴时期的企业转型升级

■ 走纵向延伸产业链的发展之路

农牧企业进入发展中兴时期的标志是，企业在产品市场开发方面已经功成名就，区域市场内 60% 以上的客户都是本企业的合作伙伴。如果再与竞争对手在同一市场区域展开最后的决斗，就必定是两败俱伤的殊死斗争，这对双方来说没有任何意义。

进入发展中兴时期的农牧企业，最重要的工作是进行第二次战略转型升级。

（1）进入发展中兴时期的农牧企业，在本区域市场已经是行业老大了，应该对行业发展负责，有必要开展第二次战略转型升级工作。要带领企业的忠诚客户和业内战略联盟合作伙伴走纵向延伸产业链的发展之路，一起努力到更加广阔的市场施展才华。农牧企业走纵向延伸产业链的发展之路，就是沿着产品销售的方向转型升级，对原有的生产运营管理模式、生产组织方式、内外部资源配置等做出调整、改进和创新，以期在下游产业创新商业模式，寻找横向联合的战略合作伙伴，打通产品直销渠道，减少中间交易费用，融和上下游产业生产技术，提升下游行业的竞争优势，扩大本企业的产品销量。

（2）农牧企业推进第二次发展战略转型升级，人才队伍建设要沿着企业延伸产业链发展的方向，在更广阔的领域寻找和选聘优秀人才。企业除了要不断发掘本企业的人才外，还要放眼全行业、全社会，用更优惠的政策和措施吸引人才。同时，还要形成更加尊重人才、爱护人才、支持人才创业的良好氛围，让优秀的人才在企业有用武之地，逐步垄断行业优秀人才资源，为本企业进一步发展奠定坚实的基础。

进入发展中兴时期的农牧企业，在战略转型升级中应该注意，农牧企业推进第二次发展战略转型升级时，仍然要重视提升新产品开发能力，强化产品生产质量管理，提高为客户服务的能力。在沿着本企业产品销售下游方向、延伸产业链、创新商业模式时，要稳扎稳打、稳步推进。随着企业纵向延伸产业链、迅速扩大生产经营规模，资金、技术和人才密集度会急剧上升，这时候企业的经营管理风险就会加大。企业要本着谦虚、谨慎、不骄不躁的态度，放下架子走出去，与忠诚客户和战略联盟合作伙伴密切合作，共商对策，谋划战略联盟发展规划。

山东柳河集团在第一个五年发展战略规划中，就已经完成了对山东省肉鸡养殖饲料生产基地的布点工作，并使之系列化、高效率地生产。该企业已经取得了山东肉鸡饲料产品市场60%以上的市场份额，省内大多数养殖旺区的肉鸡养殖户、肉鸡养殖生产企业都与山东柳河集团结成了战略联盟合作关系。

山东柳河集团如果还依靠传统分散经营的养鸡户消费饲料，就会导致生产效率和产品质量下降，不可能将更多的饲料通过养殖转化成肉食品。**企业发展出现瓶颈，饲料生产出来后销售不出去。**而继续与其他饲料厂抢夺剩余的零散养殖户，对企业发展也没有太大的意义。这就要求**企业要沿着饲料的销售方向，自己发展养殖产业，创新养殖模式，提高养殖效率，保证产品质量和食品安全。**只有这样，企业才能带领周边养殖户改变传统分散养殖的生产管理方式，按照专业化、标准化和规模化的模式，建设现代化的肉鸡养殖场，推进肉鸡养殖朝着专业化和规模化的方向发展，增加肉鸡养殖饲料的使用量，才能让企业销售更多饲料，进一步扩张企业的饲料生产规模。

2003-2008年，山东柳河集团完成了第二个五年发展战略规划。在完善饲料产品生产经营管理的基础上，沿着饲料产品销售的下游方向延伸产业链，开拓肉鸡养殖业务；相继开发了肉种鸡繁育、兽药和疫苗生产、现代化规模肉鸡养殖、肉鸡屠宰冷藏加工等新的业务板块；形成了集肉鸡养殖、饲料加工、动保、肉鸡屠宰加工和配送销售"公司+基地+农户"的产业化一条龙的生产经营管理模式。在山东省内，自筹资金建设了100多个现代化的肉鸡养殖场，引导和带动当地养殖户建设规模化标准肉鸡养殖场，加入企业"公司+基地+农户"的肉鸡养殖

第六章
转型升级：不同时期的发展选择

合作联盟，并向当地养殖户提供优质的畜禽种苗、饲料、兽药、疫苗和不间断的、免费的养殖技术服务，承诺全部回收加入合作联盟的养殖户的肉鸡产品，经屠宰冷藏加工后，推向食品消费终端市场。这样既保证了肉鸡养殖户的利益，又使企业获得了更大的产品市场空间。

从 2004 年开始，山东柳河集团年宰杀鸡鸭达 10 亿只，成为全国最大的鸭肉供应商。2008 年，该企业饲料销量突破 800 万吨，成为全国销量第一的饲料企业，销售总额达到 600 亿元。山东柳河集团从单一的饲料加工企业转变成了集畜禽种苗、兽药、疫苗、现代养殖、畜禽屠宰和食品加工一条龙经营管理的大型企业集团，一举从山东省的农牧行业老大跃升成为国内农牧行业的龙头老大。

■ 突破发展中兴时期的人才困局

由于人才队伍建设相对滞后，山东柳河集团遇到了养殖专业技术和管理人才难以到位的困难。在推进现代化规模肉鸡养殖的过程中，经历了前所未有的挑战。

2003 年年初，山东柳河集团从单一的饲料生产向肉鸡养殖产业化一条龙的经营管理方向转变，准备引进瞄准世界最先进的美国肉食鸡养殖模式。该企业既有向陌生产业领域投资的风险，又有培养胜任该产业生产经营管理人才队伍的问题。一开始，该企业投资肉鸡养殖产业的想法很简单，就是为了引进肉鸡现代化规模养殖示范模式，带动肉鸡养殖户采用现代化规模养殖模式，提高生产效率，饲养更多的肉鸡，卖出更多的饲料。殊不知现代化规模肉鸡养殖生产管理难度极大。

一个按照美国肉鸡养殖模式建设的现代化标准养殖场，年出栏肉鸡60万只、占地约2.7公顷、总投资约600万元，配备1个技术员和8个饲养员，外加场长、财务和后勤人员，只要10人就能完成全部的生产过程。该企业首先选择了几个肉鸡养殖较为密集的市县，一次性投资建设了8个现代化肉鸡养殖试验场，养殖场场长都是从该企业有畜牧兽医专业背景的优秀总经理中选拔出来的。

该企业一边按美国肉鸡养殖场的技术要求规范建设养殖场，一边组织上述人员接受培训。派场长和技术员到美国的肉鸡养殖场学习、考察，把美国肉鸡养殖场的养殖设备、基建图纸、养殖管理流程和相关技术资料全部搬回了企业。所有的养殖人员都以为投料试验会一次就成功，但是，一年下来，8个现代化的肉鸡养殖示范场、6个批次的肉鸡养殖全部亏损，有的养殖场亏损达到了总投资的50%以上。所有的管理人员和养殖人员目瞪口呆，没有一个人相信这是真的，也没有一个人能说出实验失败的缘由。

设备问题，技术问题，还是人为问题呢？能不能在短期内解决？一时间，大量的疑惑和不解涌向了董事会和高管，几乎动摇了大家的信心，好在董事长认准了**饲料企业向养殖产业转型是发展的必由之路**。

（1）现代化规模肉鸡养殖场缺乏优秀的技术和管理人才。

董事长经过实地走访，清醒地认识到实验失败是因为养殖生产技术和管理不熟练，管理措施落实不到位，经营饲料厂的总经理缺乏养殖方面的技术和管理能力。他在董事会上力排众议，一方面，加大资金投入，每年还在山东省内新建8~10个标准化规模的肉鸡养殖场；另一方面，加大对养殖技术和管理人才的引进力度，也加强了对养殖场员工的业务技能培训，还决定让更多的肉鸡养殖人员走出国门，赴欧美肉鸡养殖场学习、考察，不断地聘请美国肉鸡养殖专家和技术员做现场指导和技术培训。

（2）董事长亲自抓养殖事业部的管理工作，促进企业战略转型升级。

董事长亲自抓养殖事业部的工作，摸索改进肉鸡养殖生产管理、引进和培养养殖专业人才工作，并亲自到肉鸡养殖生产一线与养殖人员一起，研究肉鸡养殖管理工作和落实各项制度。经过3年多的努力，该企业终于引进和培养出一支吃苦耐劳、懂技术、会经营管理的现代化肉鸡养殖专业人才队伍。2005年年底，该企业在山东的50多个现代化规模肉鸡养殖场，终于正常运转并开始盈利，带领周边乡镇成千上万的肉鸡养殖户走上了现代化规模肉鸡养殖之路。

随着肉鸡养殖规模的扩大，该企业为解决肉鸡养殖产品的销售问题，后期又增加了对肉鸡屠宰加工的投资，将产业链的生产环节往前延伸到鸡肉食品供应。

进入发展中兴时期，山东柳河集团推进第二次战略转型升级，纵向延伸产业链，在开发肉鸡养殖产业的实践过程中，充分认识到了产业转型的难度和人才队伍建设的重要性。企业要千方百计地引进和留住养殖优秀人才，培养和打造养殖专业技术和管理团队。

为了稳定肉鸡养殖生产技术和管理人才专业队伍，董事会研究决定，把该企业所有现代化规模养殖场40%的股份，奖励给养殖场的场长、技术主管和优秀员工。

考虑到大多数现代化规模肉鸡养殖场,为了满足防疫免疫生物安全的要求,都建在偏远的农村和山区,所有养殖工作人员由于生产管理的要求,在养殖期间不能随意外出,该企业还承诺在员工带薪休假期间,安排一些员工到国内外的旅游景点度假。

该企业在建设现代化规模肉鸡养殖场标准鸡舍的同时,也给养殖场员工配套建设了花园别墅式的住宅,生活和娱乐设施一应俱全。

为了稳定现代化规模养殖场员工的工作情绪,山东柳河集团还规定,现代化规模肉鸡养殖场员工的基本工资先由集团按月垫付给员工,每批肉鸡养殖出栏结算后,根据每批肉鸡养殖的效益发放奖金,最大限度地调动了现代化规模养殖场所有员工的生产积极性和主观能动性。

■ 规模化肉鸡养殖场管理的经验和教训

一个按美国现代化肉鸡养殖标准模式建设的规模化肉鸡养殖场,占地约2.7公顷,建有10栋12米×96米的标准鸡舍,配备有水帘降温组合风机、燃气(燃煤)暖风炉和暖风管道、饲料存储塔、自动供料线、饮用水塔、自动饮水线、病死鸡焚化炉和净化区等。养殖场周边建有隔离围墙,进出入口建有消毒池,进出养殖场的道路分净道和污道。鸡苗、饲料和毛鸡从净道出入,粪便和使用过的垫料从污道运出,净道和污道相互隔离。养殖场物料仓库、技术工作室、员工宿舍和餐厅等生活区与生产区有一个30米左右的隔离带,按养殖生物防疫安全要求,养殖场周边1000米内不能有农家住户。

第六章
转型升级：不同时期的发展选择

养殖场采用自动化生产管控模式，从鸡苗入舍到毛鸡养成出栏全程，温度控制、通风保温、饮水和喂料全都实现了自动化管控。饲养员不用走进鸡舍，只要在窗外观察仪表、扳动设备按钮，就能操控所有的养殖设备，完成养殖管理的各项工作。

一开始，山东柳河集团的肉鸡养殖生产管理人员没能把鸡养好，因为设备越好，管控就需要越细致、越精确，对养殖管理人员的工作要求就越高。可是山东柳河集团起初建设现代化肉鸡养殖试验场时，养殖场长都是从该企业有畜牧兽医专业背景的优秀总经理中选拔出来的，他们在现代化规模养殖肉鸡的生产管理、生产过程管控方面几乎没有经验。

有一个养殖场场长是学兽医专业的，他在肉鸡养殖管理过程中怕麻烦，把本来该滴鼻、点眼的肉鸡免疫程序换成了统一饮水免疫。他不是不重视疾病防疫，只是有侥幸心理，认为不发病没事，发病只要投药就会没问题。

该场长主张采购的兽药都要进口产品，不能怕贵。在他的养殖管理理念中，肉鸡养殖没病不要滥用药，有病时投放好药就能控制住。但在肉鸡养殖过程中，国内的肉鸡疫情暴发次数较为频繁，投放太多的药品就使饲养时间延长，饲料报酬率就会下降，大规模的肉鸡养殖生产肯定亏损。

其实，这个养殖场亏损的原因说明了两个问题：一是成熟的养殖过程管理不容许人为调整；二是一般的专业知识不能动摇规范化系统管理的要求。

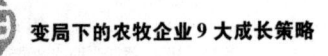

另一个养殖场场长是学动物营养专业的，他在肉鸡养殖的管理过程中，特别重视对肉鸡饲料营养的调控。为了平衡营养，他把肉鸡养殖的饲料分成六七个使用阶段，总共45天的养殖时间，没隔几天就要更换一次饲料，致使肉鸡在养殖过程中疾病频发，饲料和药品无效消耗，导致亏损。

还有一个养殖场场长是学畜牧养殖专业的，他在肉鸡养殖管理过程中，特别重视养殖环境的管控，对鸡舍内空气质量和环境温度要求较严。温度一高，马上开启风机降温；温度一低，马上点着热风炉加热。但检测温度计在安装时出现了偏差，却没有被发现，使肉鸡养殖环境实际温度与管控标准温度值出现了偏差。因此，养殖棚舍内温度忽高忽低，造成栏舍内肉鸡感冒发烧，疾病频发，电、煤、药物和饲料严重浪费，从而导致亏损。

这些问题都是该企业的肉鸡养殖生产和管理人员，对引进的美国养殖设备和管控技术不熟练、各项管控措施落实不到位、人为调整系统管控过程造成的。但不能说养殖场的场长和员工没有尽心尽力，他们在养殖管理过程中，只是从各自所学的单一的专业角度思考问题，忽略了肉鸡养殖生产管理是一门多学科的综合管理艺术。

规模化肉鸡养殖生产管理不能够顾此失彼，要有规范化系统管理的思想，要综合考虑养殖环境温度、湿度、空气质量，还要时刻细心观察肉鸡生长过程中的健康状况，掌控肉鸡养殖饲料营养、疾病防治技术，还应关注各类物料采购和养殖生产成本等。

第三节　鼎盛时期的企业转型升级

■ 跨行业整合资源

农牧企业进入发展鼎盛时期的标志是，在农业领域内，完成了某一产品的产业化经营；在一些市场区域，70%以上的该产品都由该企业生产；该企业生产经营这个产品已经没有能与之正面交锋的对手了，一些同行企业也正在成为自己的战略合作伙伴。

进入鼎盛时期的企业，在完成对业内某产品产业化生产经营后，就成为行业发展的标杆型企业。企业再次推进战略转型升级，就要站在整个行业发展的高度上，为国家的经济腾飞做出贡献。这一时期，企业发展战略转型升级，要超越自己，超越同行，跨越行业界限，要在行业与行业之间架设友谊的桥梁，建立不同行业类别企业间的战略合作联盟。

进入发展鼎盛时期的农牧企业，工作重点是进行第三次战略转型升级。

（1）进入发展鼎盛时期的农牧企业，已经形成了对某一产品一条龙的产业化生产经营管理模式。

这时，农牧企业如果要在全产业链多个环节上继续发展，就会感到来自资金、技术和管理方面的巨大压力。因此，企业有必要开展第三次战略转型升级工作，以农牧企业在产业化生产经营成功，已经建立起来的商业模式和商业信誉担保，开展与金融、保险、机械加工、生物技等行业的洽谈，商讨建立跨行业的战略联盟合作机制。农牧企业跨行业整合更加广泛的社会资源，推进企业发展转型升级，就是与其他行业的精英一起，寻找更加便捷的、跨行业的战略联盟合作模式，打通社会资源在行业间相互限制的壁垒，使资源相互融合，减少中间交易成本，融和跨行业间的生产资本、技术和管理，实现全社会的资源优化整合，扩大跨行业产业化生产经营规模。

（2）更加重视人才队伍建设。

农牧企业推进第三次发展战略转型升级，人才队伍建设要沿着企业跨行业整合社会资源的发展方向，要把眼光放到国际上，放到不同行业、不同社会制度的群体上，用更优惠的政策和措施吸引人才，要不拘一格选拔和聚集人才。企业要采取国际通用模式，构建事业发展广阔的平台，利用国际一流待遇招聘和留住人才。

进入发展鼎盛时期的农牧企业，在战略转型升级过程中应该注意：仍然不能忘记强化产品生产质量管理，提高为客户服务的能力水平，全面提升产业化经营管理的能力；仍然要加强与同行的战略合作伙伴联盟关系。同时，要提升驾驭和管理与不同行业开展战略联盟合作的能力，要与更广泛的战略联盟合作伙伴一起，开拓更加广阔的新市场。

进入发展鼎盛时期的农牧企业，沿着本企业产业化经营的方向，渗透到其他产业领域，寻求更加广阔的资本、技术和管理资源。创新跨行业合作模式时，要注意稳步推进。因为随着企业跨行业联盟合作经营、迅速扩大生产经营规模时，技术和管理人才奇缺，企业的经营管理风险会急剧上升。企业要与不同行业的战略联盟合作伙伴密切合作，共同商议对策，谋划战略联盟发展的规划。

第六章
转型升级：不同时期的发展选择

■ 向世界级农牧企业目标前进

从 2004 年开始，山东柳河集团推进第二个五年发展战略规划，同时开展了第二次企业转型升级工作。2008 年，饲料销量突破 800 万吨，年宰杀鸡鸭达 20 亿只，成为国内最大的鸡鸭肉供应商和饲料加工企业，销售总额达 600 亿元，年创利税 20 亿元，从山东的农牧企业大哥一跃成为国内农牧业的龙头老大。

2008 年以后，该企业完成了肉鸡养殖生产一条龙的产业化经营管理工作。该企业在肉种鸡养殖、饲料加工、兽药生产、肉鸡屠宰和肉食品销售等生产环节的经营管理上，走在了行业发展的前列，成为农牧行业肉鸡养殖生产的标杆企业。企业如果还按照一条龙的全产业链生产经营模式发展，将会在资金、技术和管理上遇到极大的风险和挑战。面对发展瓶颈，董事会提出了新的五年发展战略规划，希望借助全社会的力量，把国家级的农牧业标杆企业做成世界级的农牧企业巨头。

近年来，山东柳河集团以肉鸡养殖产业一条龙经营管理为纽带，跨出畜牧行业，整合与畜牧产业链生产环节相关的金融、保险、机械制造、生物技术等跨行业的、国内外的资源，推动本企业开展第三次发展战略转型升级工作。

该企业利用在肉鸡养殖产业生产经营取得的商业运营优势和良好的商业信誉，联合为肉鸡养殖产业提供农牧机械设备的厂家、银行和保险公司，响应国家扶持"三农"发展的号召，分担地方政府对农村、农业经济发展和农民致富的忧愁，争取政府惠农政策支持，成立了为农村养殖专业合作社、养殖户提供相关服务的养殖设备租赁公司、担保贷款公司和农产品生产保险公司,推进了国家农业产业化在山东的试点工作。

经当地政府同意,该企业与银行、保险公司和农牧机械制造企业联合,成立的养殖设备租赁公司、担保贷款公司和农产品生产保险公司采取的经营管理模式是,由该企业牵头出资,为养殖户提供担保贷款服务。当然,养殖户得到的担保贷款,只能用于购买该企业生产经营的饲料和养殖设备,该企业承担所有的经营风险。这种发展转型升级的新思路,突破了企业传统发展模式,从有利于国家农业经济发展、有利于农民养殖致富和建设中国新农村的角度,借助社会的力量,通过金融和保险公司,锁定企业所有的客户群体。更让金融业、保险业、机械和生物公司成为企业的盟友,彰显了该企业管理者的气魄和发展的广阔前景。

2012年年底,山东柳河集团的产品年销售总额突破850亿元,企业的全体员工正昂首阔步向年销售额突破千亿的世界级农牧企业迈进。

■ 开办金融担保贷款公司的新尝试

山东柳河集团在山东省内,已经形成了肉鸡养殖产业化一条龙的生产经营管理模式,与该企业有肉鸡养殖业务往来的养殖户就多达十几万户,而且全都使用该企业的饲料、鸡苗、兽药和疫苗等,并由该企业全部回收肉鸡养殖户生产的毛鸡产品。在山东为这些养殖户提供养殖设备的企业也有十几家。

第六章
转型升级：不同时期的发展选择

该企业为了稳定与肉鸡养殖户的合作关系，从2010年年初开始，联合养殖设备生产厂家和当地银行，成立了为肉鸡养殖户提供饲料和养殖设备的担保贷款公司。也就是说，该企业从2010年年初开始，除了给山东省的肉鸡养殖户提供饲料等农产品服务外，还为客户提供金融产品服务。这也是该企业在新的发展时期，推动企业转型升级的新举措。

该企业在省内十几个养殖密集区域，取得了当地政府和金融机构的支持，成立了十几家为肉鸡养殖户提供小额担保贷款的金融贷款担保公司。金融贷款担保公司总经理都是来自该企业各分/子公司的财务经理，他们为了获得管理金融贷款担保公司的工作经验，任职前都被派往当地的专业银行学习3个多月。所有金融贷款担保公司的工作人员，都是从该企业财务系统的优秀员工中选拔出来的。

金融贷款担保公司的具体业务形式如下。

(1) 贷款对象为专业的养殖户。 金融贷款担保公司小额担保贷款业务的主要对象，是全程使用该企业生产经营的饲料、养殖设备的专业养殖户。贷款额度与养殖户的商业信誉和养殖规模挂钩，贷款申请是由金融贷款担保公司的业务员，与该养殖户所在区域的饲料加工厂、农牧机械设备生产厂家的管理人员组队考察审核批准。

(2) 以饲料和养殖设备实物的形式放款。 贷款发放根据专业养殖户、使用饲料的进度和养殖设备进养殖场的安装进度，由所在区域的饲料加工厂和农牧机械设备厂，以养殖专用饲料和养殖设备实物的形式向养殖户放款。

(3) 监督回收产品，销售获利后结算利息和本金。 专业养殖户所在区域的饲料加工厂和农牧机械设备厂的产品营销人员，负责监管获得贷款的专业养殖户的肉鸡养殖过程，保证专业养殖户生产的产品，全部由该企业设在该区域的食品加工厂收购、屠宰加工。推向市场获得收入后，结算利息和归还本金。

如果养殖户还需要贷款，则进入新一轮的放贷考察与回款程序，这样，该企业既可稳定农产品市场和养殖户群体，又可获得为养殖户提供金融产品服务的利益。

案例：山东仲汇农牧企业集团的发展转型升级

山东仲汇农牧企业集团从事畜禽养殖、饲料加工、生物技术、畜禽屠宰加工和农产品销售业务，自2002年成立以来，经过十几年的努力，在推进企业发展战略转型升级中，取得了国内农牧行业公认的可喜成果：肉鸡养殖规模达到年出栏6000多万只，饲料生产销量达300多万吨，产品年销售总额突破了100亿元。企业发展速度之快，在行业影响之大，已成为农牧行业发展的一匹黑马，让业内所有专家和有识之士刮目相看。从该企业的发展经历可以看出，该企业非常重视人才队伍建设，它认为，人力资源在企业发展中发挥了60%~70%的作用，而市场只能发挥20%~30%的作用，资本仅能发挥5%~10%的作用。

■ 重视人才培养和培育

（一）实施"接班人"计划

该企业为了推进发展战略转型工作，除了在国内聘请优秀的农牧业专家学者，为企业开展各项技术攻关引路外，还从国外聘请农牧业的专家、博士为企业科研开发项目做带头人。该企业组建了数十位国内外专家、博士和百余位硕士、研究生为主的技术和管理团队，并与中国农业大学、山东农业大学等高等院校合作，设立 EMBA 班和实训基地，实施农牧企业发展战略转型的"接班人"计划。同时，加强了对企业各级员工的业务培训和学习，不断提升他们的业务能力和文化素养。

（二）立足"全球市场"引进人才

该企业立足"全球市场"引进人才：

（1）通过国际资本运作、人才交流，引进国外资金、先进技术、高素质技术和管理人才，加快企业的产业化、生产经营和管理的发展。该企业打破了地域概念，冲破了各种管理壁垒，实现了企业品牌建设和人才队伍建设的国际化运作模式。

（2）利用企业快速发展的事业平台、国际一流的待遇、浓郁的人文情怀文化氛围和国际化合作生产的经营模式等多种方式，积极引进国内外高级的技术和管理人才，为该企业国际化发展的策略实施奠定了坚实的基础。

（3）该企业还建立了国际化的人才引进与培训体系，与国际上许多知名的农牧专业大学和研究机构，建立了相关技术培训和科研项目攻关的联系。这些年，引进了在不同国家工作过、具有国际工作经历的员工120余人，他们不仅带来了国际上先进的农牧业技术，还带来了新的企业管理理念和创新思维。

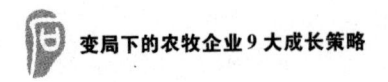

（三）要用心培育员工

该企业用心培育员工，主要从以下几方面着手：

（1）提倡每位员工学习爱心文化，企业管理者要关爱每位员工，员工要支持和关心企业的发展，企业管理者和员工之间要用爱相互温暖，推动企业健康、快速地发展。

（2）该企业设立了员工创新奖和改善奖，推进新产品研发，参与对生产过程的改善工作，按照员工对企业的贡献大小，给予一定的物质奖励和相应的精神鼓励。

（3）在培训员工各种岗位工作技能的基础上，重视对员工的素质教育和心智模式培训。该企业每年都组织五六批优秀员工到新加坡、日本和台湾等国家和地区接受体验式培训，学习先进的生产技术和管理经验，改变传统封闭的心态模式。

■ 不断创新，确保行业技术领先地位

该企业为确保行业技术领先地位，不断创新：

（1）在济南和青岛等地，建立了行业领先的新产品实验室和技术创新中心，建设了行业领先的实验猪场和鸡场，各分/子公司建立了产品化验室，配备了先进的化验设施，注重产品的技术改进和创新，确保企业的各项技术始终处于行业领先地位。

（2）与国内外农牧科研院所和高等院校合作，承担了国家"十一五"科技发展支撑计划项目："家禽健康养殖新型模式研究与示范"课题基地建设，全面提升了该企业在科技开发方面的能力和科研创新的实力。

(3) 该企业完成了国内"肉食鸡四阶段农场养殖饲料"的饲料营养研究和生产管理技术推广工作，打破了国际上多年通行的、肉食鸡养殖行业内传统的"肉食鸡三阶段传统养殖饲料"生产和技术管理的做法。在肉食鸡的养殖技术开发和生产管理方面，取得了重大技术突破。

(4) 该企业在山东省建设了多家肉鸡试验场，在全国率先进行地面养殖、网上养殖、笼养三种不同模式下的肉鸡营养需求研究。同时，针对不同的养殖模式，做了肉鸡养殖各种饲料原料使用上、下限的研究，建立了相应的营养代谢试验室，对国内大宗饲料原料的数据及安全性进行了检测和研究，建立了国内一整套全新的饲料原料数据库，可进行肉鸡养殖的一系列科研项目研究，取得了核心竞争力。

■ 走国际合作的道路

该企业与世界第三大肉类企业开展战略合作，成立了以肉鸡屠宰加工为主的合资公司，生产线全部采用世界一流的自动化设备，保证了鸡肉产品的生产质量和食品安全，产品直供麦当劳和肯德基等食品加工销售企业。

该企业还与美国的第三大联合饲料集团开展联盟合作，成立了山东联合饲料有限公司，利用美国的先进配方和生产技术，生产高档乳猪饲料，供国内生猪养殖户选择。

该企业还与世界著名的美国农产品公司开展合作，在国内成立了农产品贸易公司，在全球采购农产品资源、为中国市场和广大消费者服务。

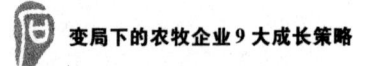

山东仲汇农牧企业集团董事长在青岛的一次全国农村科技创新研讨会上指出：

中国农牧企业发展战略转型升级，首先要转变经营理念，要从以利润为中心转变为以价值为中心。因为农牧企业以利润为中心，只能说明这个农牧企业找到了一种商业模式，通过产品生产、经营和管理赚钱；而以价值为中心除了会赚钱，还应有一定的产业化生产经营规模、不断创新产品的能力和驾驭生产技术管理的人才队伍，能不断地为社会创造财富，为消费者提供物美价廉的产品，让全社会都离不开这个企业，这就是这个企业的价值。

中国现代农牧企业经营管理以价值为中心，就是要与世界发达经济接轨，产业化经营规模、企业管理水平、从业人员和技术装备都应该达到国际先进水平，企业投资回报和抗风险能力极强；让全世界的资本都投入到这个值钱的、有价值的农牧企业；全世界的优秀技术和管理人才都愿为这样的农牧企业服务；全世界的消费者都愿意享受这样的农牧企业提供的产品和服务；这样的农牧企业就具有极高的经济价值和社会价值。

中国现代农牧企业的发展需要年轻的专业人才。知识化、专业化和年轻化是现代农牧企业人才队伍建设的趋势。我们要通过待遇留人、事业留人、文化留人、环境留人和感情留人的方式，把年轻的专业人才吸引到农牧企业，鼓励他们挑上工作的重担，帮助他们打开工作局面，为他们做好职业发展的规划。这样，农牧企业就能构建具有聪明才智和充满活力的人才队伍，企业长远发展也就有了坚实的基础。

变局下的农牧企业 9大成长策略

第七章 品牌建设：企业财富的积累

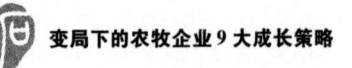

农牧企业推进品牌建设的过程中，有以下几点需要注意。

（1）通过市场调研，了解市场环境和企业产品与消费者的关系，以及与竞争对手品牌的关系，竞争对手的品牌战略目标、架构和运作情况。

（2）确定品牌建设的战略目标和规划，明确本企业产品的个性和特色，表达对市场和全社会消费者的庄严承诺。

（3）告诉本企业的股东、员工和消费者，本企业产品想进什么样的市场，与市场的关系如何，如何投入有效资源，如何建立品牌，财务目标是什么。

（4）确定品牌建设的工作方针、品牌架构、品牌识别系统、品牌传播活动的计划和推进各项工作的步骤等。

（5）由总经理亲自挂帅，市场部和企管部配合组织、调动企业内外部的相关资源，推动品牌建设工作有条不紊地进行。

第一节　品牌建设的指导方针

■ 做好品牌建设规划

农牧企业品牌建设是一项系统工程，企业要在分析自身条件和经营环境的基础上，根据市场需求和竞争强度，制订品牌建设规划。品牌建设应围绕着企业产品和服务的营销要素，在抓好新产品开发、强化生产质量管理体系的基础上，细心清理好产品，调整产品结构，合理设置产品的价格系统，理顺服务营销渠道，提高产品的销量和知名度，安排各种形式的宣传和推广工作。同时，农牧企业要通过实施人才战略、投资战略、技术战略和经营管理战略等发展战略，推进品牌建设各项工作。

近年来，随着山东饲料业的市场竞争日趋激烈，利润越来越薄，山东柳河集团董事会研究决定，通过发展肉鸡养殖产业创建山东肉鸡产品品牌，推动企业发展。

2002年，该企业为了创建肉鸡产品品牌，专门制定了五年发展战略，从以饲料加工为主业，逐步过渡为以肉鸡养殖产业为中心。这样，企业就要从产品开发、人才结构和资源配置等方面做出重大战略调整，生产经营管理工作的重点就要转向肉鸡养殖产业。

经过5年多的努力，该企业在山东投资建设了上百家规模化标准肉鸡养殖场，先后有几十位原来从事饲料生产销售和管理的技术员、总经理，放弃了原来熟悉的业务和稳定的生活环境，转业来到建设在偏远农村、荒郊野地的肉鸡养殖场，并且在条件相对艰苦的肉鸡养殖场努力地摸索和探讨如何进行现代化规模肉鸡养殖管理工作，总结肉鸡养殖的生物安全、科学用药、保证产品质量和食品安全的工作经验，整理出了一套让消费者满意的肉鸡饲喂管理模式，创建了"柳河牌"等知名品牌。

■ 在实践中学习品牌建设

品牌建设对国内农牧企业来说，还是一个比较新的课题。这是由于国内传统农产品一直不讲究标注商标和广告宣传，许多知名农产品在消费者的心目中也顶多是一个产地的概念。比如，德州扒鸡、鲁西黄牛、莱阳梨、潍坊萝卜、栖霞苹果、寿光蔬菜、宾州小枣等。但这些知名的农产品都不能算有商标品牌，都没有一个准确的生产负责人，很容易被假冒。因此，企业如何创建品牌、传播品牌、管理品牌、保护品牌，让品牌成为企业的财富，这对国内农牧企业来说，是一个比较新的课题。这就要求国内的农牧企业，在抓好新产品开发、做好生产质量管理的基础上，加强产品特色描述、销售识别、流通保护、渠道管理等方面的工作；学习现代企业管理、前沿的科学技术和知识产权保护管理等方面的知识；学习国内外优秀企业推进品牌建设的工作经验，带领企业全体员工共同努力，推进品牌建设的各项工作。

农牧企业也要学会通过现代媒体传播信息的方式，扩大企业的影响，拓展消费市场。借助于企业品牌的力量，强化与战略合作伙伴的合作，实现规模化和集约化经营，使企业不断获得更加丰厚的利润。

山东柳河集团刚进入肉鸡养殖产业、推进企业的品牌建设工作时，并没有实践经验，但是该企业有明确的目标，就是要向消费者表明，"柳河牌"肉鸡产品是由柳河集团生产的。柳河集团将通过严格的生产质量管理系统，维护这个商标品牌产品的商业信誉，让消费者可以放心地食用标注有"柳河牌"商标的、所有柳河集团生产的各类产品。多年来，该企业以美国肉鸡养殖协会作为学习榜样，从美国引进肉鸡产品、养殖生产设备、饲喂管理技术、改变国内传统的肉鸡养殖模式开始，到学习美国的鸡肉食品加工、肉鸡屠宰分割技术，向中国的消费者介绍美国的鸡肉产品，推动"柳河牌"肉鸡产品在国内销售，是一个极其艰难和辛苦的工作过程。

（1）遭遇肉鸡养殖成本的难题。

传统的肉鸡养殖是以农民家庭为单位，投资几万元，搭一个简易棚子，就能养几千只肉鸡。每只鸡的投资约10元，而且农民的工资、水电和房屋财产折旧等都可以不算。

而该企业投资建设一个存栏10万只肉鸡的现代化标准肉鸡养殖场，仅土建和设备投资就要450万元，加上经营用流动资金还需要150万元。一个现代化规模的肉鸡养殖场，总投入不能少于600万元，每只肉鸡的投资高达60元。

该企业参与养殖的生产技术和管理人员，都是原饲料厂的技术员和总经理，他们的工资待遇较高。因此，现代化规模肉鸡养殖场的投资和运营管理成本，比传统的农民分散养殖投入要高得多。

如何克服养殖成本压力，是该企业发展肉鸡养殖事业要解决的第一道难题。

在没有产品品牌区分和质量差异比较的国内肉鸡产品市场，"柳河牌"肉鸡产品与农民散养的肉鸡产品没有太大的价格差，这给该企业带来了巨大的生产成本压力。该企业别无选择，从"柳河牌"产品商标注册、品牌建设入手，让消费者区分肉鸡产品的差异。然后，从生产质量管理和生产效率上，提高产品的质量水平和肉鸡养殖效率，使企业在肉鸡产品市场上站稳脚跟。

（2）运用现代养殖设备和科学管理技术，提升产品质量和养殖效率。

经过努力，该企业通过引进现代养殖设备和饲喂管理技术，加强对肉鸡养殖场的科学管理，使"柳河牌"肉鸡产品的质量明显高于农民散养肉鸡产品的质量,生产效率也明显高于农民分散养殖的效率。

一是产品整齐度高。采用全自动输送饲料、饲喂养殖方式,肉鸡可在不同位置采食饲料,不会出现抢食现象,鸡群整体生长比较均匀。肉鸡屠宰厂比较喜欢收购这种毛鸡,肉鸡产品在流水线上生产,成品的整齐度高,便于肉食品生产厂家做出用料选择。

二是肉鸡成活率高。由于采用的是自动控制装置,温度和湿度更加有益于肉鸡养殖,养殖场的肉鸡成活率在97%以上,比农民分散养殖高出了3~5个百分点,相当于每只肉鸡的养殖成本降低约1.5元。

三是养殖用药成本低。由于养殖环境消毒要求严格,鸡舍内温度和湿度自动控制,肉鸡养殖感染疾病的可能性更小,养殖场对肉鸡发病投用药物的成本降低,每只肉鸡包括免疫用药仅0.5元,而农民分散养殖的每只肉鸡平均用药都在1.5元以上。

四是料肉比低(饲料报酬高)。养殖场的料肉比比农民分散养殖低0.1~0.15(也就是说,养殖场饲养的肉鸡,每长1斤鸡肉,可以少用0.1~0.15斤饲料),相当于养殖场每养一只鸡的成本比农民分散养殖降低了1.3元。

五是在鸡舍单位面积内可以养更多的鸡。由于生产条件比农民分散养殖优越,能够实现肉鸡养殖高密度饲养和全天候监控,在同样面积的鸡舍里可以多养一倍以上的肉鸡。同时,做到了工厂化流水线方式、连续高效率的肉鸡养殖生产,养殖场每年可养6批,而农民每年只能养4批。

六是肉鸡产品更加安全。依据国际通行的生物安全标准,制定肉鸡养殖的饲喂管理规章,杜绝滥用添加剂和违禁药物的现象,比分散养殖更能够有效地保证肉鸡产品的质量，做到无公害和健康安全。

七是肉鸡产品从生产到销售可全程监管。该企业实现了肉鸡养殖全产业链的经营管理，鸡苗入舍、饲料投放、免疫防疫、饲喂管理、肉鸡出栏、屠宰加工、打上标签出厂、配送和销售的每一个环节，都有信息采集和监控录像，便于消费者进行产地和养殖过程查询。

八是养殖从业人员更加专业。该企业肉鸡养殖场属企业团队运营，在资源配置和员工培训方面，都有比农民分散养殖户更优越的条件。从而保证肉鸡养殖生产过程更加专业化、标准化和规模化。

山东柳河集团把规模化肉鸡养殖搞得红红火火，硬是在山东的肉鸡养殖市场闯出了一片天地，成为全国最大的鸡鸭肉供应商。后来，该企业还把每个养殖场存栏数规模控制在 8 万以内，土建和设备投资控制在 220 万元以内，使每只肉鸡的养殖投资降低到 35 元以下，每个总经理可同时管理 3 个同等规模的养殖场。

现在，该企业所有的肉鸡养殖场都实现了盈利，单个养殖场的销售收入可达 1800 万元，年盈利突破 120 万元。从此，"柳河牌"肉鸡产品名扬天下，成为国内的知名品牌。

■ 重视知识产权保护

农牧企业推进品牌建设，要注重知识产权保护，要设计企业产品和服务的商标，通过注册的方式，取得国家工商行政部门对企业产品品牌商标的认可和保护。

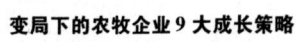

河南沽氏集团推进品牌建设,在当地工商行政部门注册了"故事鸡"的产品品牌商标,并将"故事鸡"的产品特色和商标识别标志告诉了消费者。"故事鸡"青嘴青脚,皮肤颜色特别深,肉质特别细嫩,口感爽滑香甜,汤色鲜亮味美,营养价值很高,可以说是老幼皆宜的鸡肉食品。

该企业为了防止其他厂家和农户生产假冒的"故事鸡"产品,还特意设计了"故事鸡"防伪商标和产品认证脚环,随肉鸡产品进入市场,让消费者能够通过可追溯系统查询和识别"故事鸡"产品的真伪。

该企业还通过"公司+基地+农户"的生产经营管理模式,组织肉鸡养殖合作社的养殖户集中建设标准化肉鸡养殖场,养殖"故事鸡",消除了传统农民分散的生产经营弊端,保证了该企业"故事鸡"产品的生产数量和质量。

(1) 打击假冒"故事鸡"产品。

很多县市为了发展当地经济,鼓励养殖合作社的养殖户养殖"故事鸡"。该企业生产的"故事鸡"属地方特产产品,产品同质化现象严重,差异小,生产区域分散,增加了企业在产品品牌管理方面的难度。

河南沽氏集团与当地工商行政部门、技术监督管理部门和畜牧兽医局合作,开展对进入本地市场的"故事鸡"产品实施联合检查行动,对冒牌养殖产品进行查封,不允许他们使用"故事鸡"的品牌商标,加强了对该企业"故事鸡"产品品牌的保护。

(2) 加强"故事鸡"产品研发和品牌宣传。

河南沽氏集团加大了对"故事鸡"新产品研发的投入力度，不断培育和优选"故事鸡"产品的优良品种，并加大了对专业合作社养殖户的养殖技术服务，指导养殖户尽可能采取放养的形式，在天然环境中养殖"故事鸡"，不断提升产品的特色性能优势，改善产品的风味口感，使"故事鸡"有别于其他区域的产品。

在品牌建设过程中，该企业还得到了当地政府的大力支持。为成功开发"故事鸡"等优良品种，河南固始县政府加大了对该企业在土地审批、环保评估及水、电、道路修建等方面的优惠政策和资金扶持力度，通过当地的电视台、新闻网络、报刊和展销会等，宣传和推动该企业"故事鸡"产品的品牌建设工作。

(3) 根据消费者的需要改善"故事鸡"产品。

该企业经常派专业技术员走访"故事鸡"产品市场，了解不同市场、不同消费群体不同的消费习惯和对产品改进的要求。随着人民生活水平的提高和对环境污染的关注，消费者对产品的品质提出了更高要求，该企业为消费者提供养殖场地环境的监测报告、防疫免疫和一般保健使用的药物清单、"故事鸡"产品出厂的质量和食品安全监测报告等一系列有关"故事鸡"产品销售的随行文件。

该企业还在产品包装的显著位置上，特别标明了产品的商标和防伪条形码。该企业还加强了回族清真食品的生产管理，不与非清真的食品在同一车间混合生产和对外配送，该企业还在"故事鸡"产品的外包装上，清楚注明了清真食品的字样，使回族消费者放心购买。

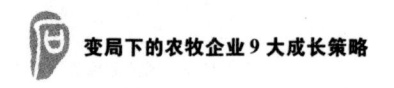

第二节　品牌建设的思路

■ 宣传自己的企业文化理念

农牧企业要获得市场竞争优势，就要有强烈的品牌意识，选准市场定位，加快新产品开发速度，建立健全产品生产质量管控体系，强化品牌产品质量管理。

农牧企业产品和服务的品牌建设，实质是给企业的产品和服务赋予企业文化含义，企业通过产品和服务向市场和消费者表达自己的愿景和理想追求。

1997年前后，山东柳河集团虽然还只是山东一家不起眼的民营饲料企业，但它却有着为养殖户服务、为中国农牧业发展做贡献的理想和抱负。

（1）树立为养殖户服务、为中国农牧业发展做贡献的理想。

为了让当地的养殖户快速成长并盈利，该企业提出了"为养殖户服务，给养殖户让利"的口号，要在一年的时间里，实行产品销售"零利润"运作，即把饲料产品销售价格定在保本经营的基础上，销售给养殖户，促进养殖户发展养殖产业。

当时，该企业的经营管理人员都不理解，因为企业正处于产品盈利高水平的时期，而且当地的产品市场竞争并不激烈。企业每销售一吨饲料，除去200元左右销售费用外，还有200元左右的利润。如果将200元左右的销售利润让给养殖户，既要做通饲料经销商的工作，还要想办法降低各项管理费用，否则年底将无法实现利润目标。

该企业的董事长告诉大家：这样做是为了让利给养殖户，促进养殖户发展养殖产业，否则饲料生产出来卖给谁呢？他要求各地的饲料生产销售企业要坚决执行集团提出的"零利润"经营运作模式。

1998年年底总结经验时，所有总经理发现，"零利润"运作政策给各地饲料公司带来了很多好处。"柳河牌"饲料在山东火起来了，产品销量成倍增长，该企业所有的饲料公司都迅速占领了当地的养殖市场，把原来的竞争对手远远地甩在后面。

另外，各饲料公司也从减少费用支出入手，强化企业内部管理，重新获得了利润。这样一来，"柳河牌"产品成了饲料业的名牌产品，各地饲料厂也成了当地饲料企业的老大，"柳河牌"饲料的价格成了当地产品的标准价格。

(2) 统一"柳河牌"产品商标，确定为养殖户服务的经营理念。

该企业在销售产品的过程中，把为养殖户服务的经营理念和企业文化传递给了客户。该企业饲料产品注册"柳河牌"商标后，所有品种和规格的产品都使用这个商标。"柳河牌"产品商标告诉养殖户，这就是企业承诺的、让他们放心的产品质量与客户服务模式，与其他企业的饲料产品多品种、多系列商标品牌的运作方式有很大差异。

第一，所有饲料产品系列只有一个商标——"柳河牌"，不设任何附品牌名称。

第二，产品定价原则是以养殖户能够盈利为目标，倒逼企业产品生产成本且产品价格相对较低，通过为养殖户服务提升产品的附加价值。

第三，该企业要求所有销售人员，不要在市场上"玩价格，玩政策，锁定经销商"，不要花费过多的时间、设计过于复杂的产品营销方案，要为客户提供有效的技术服务，帮助养殖户用好饲料，做好养殖管理；帮助经销商做好对养殖户的各项服务，管理好区域市场，不以损害养殖户利益的方式盈利。

第四，该企业贯彻的经营理念是：**微利经营，服务客户，近距离市场密集开发**。因此，当养殖户接触"柳河牌"饲料产品时，他们更多的是向销售人员了解企业能够提供什么样的养殖技术服务、后期的产品订货和配送方式等。这时销售人员就可以告诉养殖户："企业全程免费为你们提供养殖技术服务，并由养殖示范户或产品经销代理为你们提供饲料产品订货和配送服务。"

在养殖户的心目中，"柳河牌"产品成了服务承诺和品牌的象征。

■ 制定产品标准，接受市场监督，严守对消费者的承诺

农牧企业要严格执行国家制定的产品标准，配合国家相关管理部门加强对产品标准的实施、检查和监督工作，既是消费者了解品牌产品的认证过程，也是农牧企业产品品牌建设的一项基础工作。农牧企业要科学安排，运用好媒体、广告和营销策划做好品牌传播工作，还要根据消费者接触媒体的习惯方式，选择与不同媒体合作，确保企业产品和服务尽快进入消费市场，使企业达成既定目标。

(1) 产品质量标准备案。

山东柳河集团选择大肉食鸡养殖饲料产品作为饲料企业品牌建设的基础，在山东省工商行政管理部门注册了"柳河牌"肉鸡饲料产品商标名称和图案，并在饲料企业当地产品质量技术监督管理部门做了企业产品质量标准备案，将肉鸡养殖全程所用饲料分成三个阶段，分别用符号"510"、"512"、"513"表示。养殖开始时，使用"柳河牌"510饲料；21天后，换用"柳河牌"512饲料；长大到出栏前一周，换用"柳河牌"513饲料。

同时该企业将肉鸡饲料产品质量标准公开，并配合产品质量管理部门和肉鸡养殖户，共同监督管理所有饲料产品的质量，承诺接受当地产品质量监督管理部门，随时接受任何地方的养殖户抽查企业的饲料产品，检测产品质量。

(2) 严守产品质量承诺。

该企业要求各饲料分/子公司严守对"柳河牌"产品质量的承诺，做到不合格的原料不进厂门，不合格的产品不出厂门，生产的饲料产品要根据不同市场区域的原料差异、养殖户的不同需求，设计并调整好饲料产品的配方，严格执行原料质量验收标准、仓储保管工作的要求、产品生产质量管理要求和生产工艺流程的管理要求。

同时该企业要求所有的饲料公司，在做好生产现场管理的基础上，做好设备的检修和维护工作，保证设备正常运行。对产品生产的过程管控，该企业还建立了一套产品质量、关键控制点管理制度，要求生产管理部门督促生产班组，设专人定期巡查管理，消除产品生产的质量隐患。

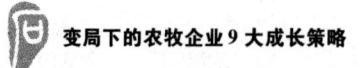

该企业还建立了全员全面质量管理体系，增强企业全员的产品质量意识。

(3) 掌控低利润的饲料产品市场。

在新产品研发过程中，该企业特别注重开发利润空间较低，便于机械化、大规模生产的产品，目的是培育新的高档全价饲料市场，脱离与乡镇个体饲料厂家的低水平恶性竞争。

当时，山东饲料市场中预混料、浓缩料的利润空间比较大，生产复杂程度和技术要求都不高，农村一些个体饲料作坊，用一把铁锹或一台水泥搅拌机就可以生产盈利了。

山东柳河集团决定减少对这些利润丰厚的饲料产品的生产投入，另外开辟便于机械化、大规模生产的全价饲料产品。该企业开发了技术复杂的肉鸡全价颗粒饲料产品，将这种饲料系列产品的毛利水平控制在较低范围内。这种饲料必须机械化、大规模生产才能盈利，这就将该产品的市场主动权牢牢地掌握在自己手中。

该企业还针对饲料产品面向农村，对养殖户的宣传还是以平面墙体广告为主，采用通俗易懂的朴素语言，如"柳河饲料好品质，帮你养殖早致富"等标语，大量刷写在乡镇公路两边农户的院墙上，让养殖户出门就能看见，宣传效果很好。

■ 建立健全各项制度，提供合格产品

农牧企业要按照消费者的需求开发新产品，防止不合格的产品流入市场，损害消费者的利益。同时要加强企业内部管理，树立企业品牌形象，提高产品品牌的信誉。

农牧企业要加入国内外生产环境管理体系和产品质量管理认证体系，积极参与国际品牌产品的生产、加工技术合作，利用国际品牌产品的市场，实施走出去的发展战略。

山东柳河集团在完成"柳河牌"产品商标注册后，就制定了一整套包括产品研发、市场开拓、原料采购、生产管理、质量控制、仓储运输、产品销售、售后服务和财务管理等企业管理制度，让该企业各级员工面对市场，开发产品、寻找客户和为客户服务的过程中，都能有章可依，相互沟通，积极配合。

（1）培训员工具有良好的服务意识和个人素养，诚心诚意地与客户交流，了解客户的想法和需求，站在客户的立场上思考问题，最终和客户成为相互依赖的朋友。

（2）开发产品市场，依靠真诚投入赢得客户信任。

（3）帮助经销商开发和管理区域市场，帮助养殖户提高对产品的理解和使用管理水平，与各地经销商合作，建立完善的市场服务营销网络体系。

（4）产品研发要从市场调研开始，与用户保持密切联系，企业的管理人员、科研人员、生产人员和销售人员要组团调研市场，根据客户需求开发新产品。

该企业在产品生产管理过程中，建立了一整套严格的生产流程和管理制度，并按照在产品质量技术监督局备案的产品质量标准，抓好每道生产环节的管理。最近，该企业为推进产品品牌建设国际化，还与世界优秀的肉类加工企业合作，成立了以肉鸡屠宰加工为主的合资公司，生产线采用世界一流的自动化设备,保证肉鸡产品的质量和食品安全,产品直供麦当劳和肯德基等肉食品生产企业。

案例:沽氏农牧企业——"故事鸡"的故事

河南沽氏集团将"故事鸡"等地方特色的农牧产品,打造成了国内的知名品牌产品,成功地推向全国的肉食品市场。

该企业在华中和华北市场占据了可观的市场份额,取得了骄人的业绩。虽然"故事鸡"作为一种地方特色产品具有一定的区域限制性,但不可否认,河南沽氏集团开展的企业产品品牌建设工作取得了巨大成功,值得农牧行业其他企业学习和借鉴。

■ 成立之初就确立品牌建设战略

河南沽氏集团主要从事具有固始地方特色的畜禽育种、养殖、屠宰加工和销售等综合开发业务,是集农牧和工商一体化的现代化畜禽养殖加工综合性农牧企业。

该企业发挥了体制和经营灵活的优势,提高生产、经营和管理水平,产品质量上乘,口味极具地方特色,深受国内消费者青睐。

2008年年中,该企业被评定为"全国151家农业产业化重点龙头企业"。

2009年年底,该企业通过"ISO9001:2000质量管理体系认证"。

2010年年底,该企业被中国畜牧业协会评为"2009年度中国黄羽肉鸡业20强优秀企业"。

第七章
品牌建设：企业财富的积累

■ 打造品牌产品——"故事鸡"

河南固始县的"故事鸡"和"故事鸡蛋"在国内外久负盛名，早就有"中国土鸡王"和"王牌鸡蛋"的美誉。由于"故事鸡"长期被传统农户分散养殖，使"故事鸡"品种不纯，产品的特色风味、优质潜能并未发掘出来。

为此，河南沽氏集团重建"故事鸡"的原种鸡场，聘请国内专家选育提纯了"故事鸡"的品种，增强了"故事鸡"的口味特色，选育出两大品系：优质产蛋系和快生口味特色肉食系。原产于河南固始县的"故事鸡"，终于恢复了"王牌鸡蛋"和"中国土鸡王"的美誉，具备了市场推广的条件。

河南沽氏集团积极推出改良后的"故事鸡"产品。由原种鸡场向固始县养殖农民推出"故事鸡"鸡苗，使用统一的饲料、兽药，统一防疫免疫。该企业负责对养殖农民提供技术指导，统一回收养成后的毛鸡，屠宰加工后推向市场，形成了规范化的"公司+基地+养殖户"的生产经营模式。

该企业很幸运，在中央电视台拿下了扶贫农产品广告版面，免费打广告，宣传"故事鸡"产品。这样一来，"故事鸡"产品市场反响非常好，"故事鸡"产品销量大增，整个固始县也掀起了"故事鸡"产品的养殖高潮。

为了保证"故事鸡"产品的质量，该企业实施"故事鸡"产品的天然养殖模式，要求所有养殖"故事鸡"的农民放养"故事鸡"，禁止

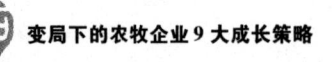

滥用违禁药物和添加剂。既控制了每户农民的养殖数量，又能精确指导农民按要求养殖"故事鸡"。

■ 产品的品牌需要管理

河南沽氏集团的特色产品——"故事鸡"，具有青嘴青脚、鸡肉颜色较深等特点，该企业推行"公司＋基地＋养殖户"的生产经营管理模式，消除了传统农民分散养殖、组织化程度低、生产经营分散、不便于开展技术指导和强化生产质量管理的弊端。

该企业在"故事鸡"产品上悬挂了注册商标脚环，以辨别真伪。但是，如何防止"故事鸡"产品品牌被别有用心的人仿冒，仍然是一大难题。河南沽氏集团多次与当地政府相关管理部门合作，加大了对"故事鸡"产品品牌商标使用权的保护力度，对外地进入本地的"故事鸡"产品进行了查封。

河南沽氏集团还加大了对"故事鸡"系列新产品的研发投入，不断改良"故事鸡"产品的特色品性，加大了对养殖户的技术服务和指导，要求他们对"故事鸡"进行大面积放养，增强"故事鸡"产品的特色风味，发挥"故事鸡"新产品研发的组合优势，不断调整产品组合，以便区别于假冒伪劣的"故事鸡"产品。

变局下的农牧企业 9 大成长策略

第八章　食品安全：是危机也是机遇

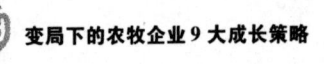

随着我国农牧业的快速发展，国内的农产品市场管理日显薄弱。由于一些农牧企业使用不合格的生产投入品，工业生产的"三废"以及城市垃圾不合理排放等，国内农产品受污染事件时有发生，农产品质量与食品安全问题日益突出。除此之外，一些农牧企业滥用各种调味品和添加剂，使农产品受污染，不确定的因素增加，也使农产品标准制定和管理更加困难。

通常来说，农产品质量标准设置过高难以执行，设置过低又容易引发产品质量安全问题，农产品标准设定不合理，就起不到规范和管理市场的作用。目前，国内有的农产品照搬国外标准，不符合中国国情，很难被国内农牧企业采用。国内农产品市场监管需要国家制定切实可行的农产品质量标准，并监督企业不折不扣地执行。

第一节　复杂的食品安全问题

■ 生产过程复杂，出现质量问题风险高

农牧企业联结着农牧业生产的产前、产中和产后服务各个环节，出现了种子（种畜禽）公司、种植（养殖）公司、肥料（饲料）公司、农药（兽药）公司、粮食（肉蛋奶）加工和产品销售公司等；有的农牧企业将种畜禽、养殖、饲料、兽药、肉类加工和产品销售等生产环节串联在一起，实现一条龙全产业链经营。这类特大型农牧企业由于生产周期较长，过程控制复杂，经营管理难度较大，出现产品质量和食品安全问题的风险很高。它们为消费市场提供农产品，既要保证农产品新

鲜，又要保证消费市场供应不间断。它们在农产品的生产、加工、储存、保鲜和运输过程中，将会遇到更多的困难。

一条龙全产业链经营的特大型企业员工的工作，是肉鸡养殖生物工程、饲料营养配备加工、肉鸡屠宰分割、产品保鲜、冷链运输、产品配送和销售等既复杂又烦琐的工作，每个环节都不能有失误。否则，将会出现产品质量事故和食品安全问题。

前段时间，国内一些媒体报道，肉鸡养殖生产只要45天就出栏上市，认为肉鸡是用抗生素、激素催生长大的，食用后对人体有害。其实，这种看法是错误的。现代肉鸡养殖是全世界多学科的科学家，从种禽繁育、动物优育、防疫免疫、环境控制、营养饲喂管理等入手，经过几十年的努力、联合攻关，才取得的近代科学成果。可以说，现代养殖肉鸡是营养美味、安全无害的。

■ 农产品差异巨大，监管标准难统一

在现实生活中，农产品的品种和生产区域不同，其品质差异较大。即使是同一品种的农产品在同一区域内生产，由于生产投入品不同，或是管理水平有差异，其产品品质也会有较大的差异。这说明农产品**按统一标准监管产品质量是有困难的。**

国内相同名称的生猪火腿产品，在不同区域生产就很难统一质量标准。

众所周知，国内传统的、著名的生猪火腿产地是云南宣威、江苏如皋、浙江金华。这三个地方的猪肉食品加工厂生产的猪肉火腿产品，都是把从生猪养殖户那里收购的本地品种生猪，屠宰加工后取其后腿，用食盐、各种香料和调味品腌制后，放入不同温度和湿度的环境中，经过半年至一年的时间，有的时间长达3年之久，才能使其完全发酵，产生特殊的腌制香味。虽然三个地区生产的产品名称相同，但生产工艺流程和发酵方法却各具特色。

上述生猪火腿产品，国内没有统一的产品工艺标准和产品质量检验标准，对制作过程中使用的调味品和添加剂也没有详细的产品名称清单和用量限制标准。这使国家相关管理部门也没办法进行产品质量检测。这样一来，这种猪肉火腿产品的质量就有太多的不可控因素，猪肉发酵后制成的肉食品是否有毒素，谁都无法给出答案。

■ 生产环节联系紧密，不确定性因素很多

农产品的质量和安全隐患，有来自生产过程管理的不稳定因素；也有农产品在生产加工过程中，投入品和添加剂使用的不确定因素，如农田土壤成分、水和空气质量、畜禽养殖环境、种子（种畜禽）、肥料（饲料）、农药（兽药）、农机具、能源、农牧场选址等。

从农田和养殖场收集农产品后，经初加工、储运分销到消费者的厨房和餐桌，也是一个复杂的系统工程，还会有许多不确定因素，将引发食品安全问题。

由此可见，**农产品质量和安全问题是与产业链各环节紧密相关的**，

要保证农产品质量和安全，就要关注全产业链的所有环节。

  国内某大型农牧企业从事种鸡繁育、饲料加工、肉鸡养殖、肉鸡屠宰加工和产品销售等，生产流程复杂，经营管理难度高，经常出现产品质量问题，如果管理不当，不合格产品就流入市场了。我听说过，该企业由于生产饲料时原料投放有疏忽，将问题饲料发到了肉鸡养殖场，造成肉鸡营养不良，羽毛生长不齐，宰杀后的肉鸡鸡皮发红，无法让消费者接受。

  这家企业，一个规模化标准的肉鸡养殖场，养了十多万只肉鸡，马上就要出栏了，养殖场突然停电，自备的发电机也坏了，养殖场降温风机停转。当时正值酷暑季节，只见单只体重七八斤的肉鸡成片地热死，倒在地上。养殖场的场长赶紧给屠宰加工厂打电话，但该养殖场的肉鸡没有列入当天的宰杀计划，加工厂正在给其他的养殖场宰杀肉鸡。等到肉鸡屠宰加工厂调整计划，派车来该养殖场收鸡时，虽然只耽误了几个小时的时间，但养殖场的鸡大部分都死了，养殖场的场长和员工在一旁痛苦地流着眼泪。屠宰加工厂紧急加班，开足马力处理这批死鸡，但死了的肉鸡宰杀后已经放不出血了，分割后的鸡肉产品颜色发黑，降低了肉鸡产品质量。

■ 不良企业的人为因素

  一些农产品质量和安全问题是人为因素造成的，一些不法商贩为了牟取暴利，制售假冒伪劣产品，致使食用农产品中毒事件时有发生。

山东和河南是养殖肉鸡的大省,这两个省也盛产扒鸡和烧鸡熟食产品,正规生产的企业和个体经营户,采用的原料是养殖50天左右、体重三四斤的土杂肉鸡。这种熟食产品肉嫩味美,在各地农贸市场、火车站、汽车站、水运码头和旅游景点颇受消费者青睐。

但是,消费者购买这种产品有很大的人为造假的风险。一些不法商贩使用大肉食鸡养殖场扔掉的死鸡,这些死鸡有的是在养殖过程中猝死的,有的是病死的,饲养时间只有20天左右,正处于防疫免疫、药物使用最频繁的阶段,食用这种鸡做的熟食产品对身体危害巨大。

近年来,国内一些城市监管农产品质量,指望由一些分散经营的农民和小型农产品加工企业,与农贸市场和超市完成生产与销售的对接工作,解决农产品从田间到餐桌的产品质量和安全问题,这是不可能实现的。其实,农产品市场管理和分销在发达国家早就有了成熟模式,只是我国的农业生产水平较低,目前还无法完全模仿而已。

国内农产品市场管理要在规范供应的同时,着手改变农产品生产规模小、区域分布散、设施落后、加工粗糙、仓储保鲜技术差和缺乏冷链运输等现状。

第二节 别人是怎么做的

目前,发达国家农产品市场供应,除了数量丰富、质量可靠外,还有与其配套、覆盖全国的农产品生产、加工和储运的信息网络,能将农产品生产、加工、储存和运输分销等活动的相关信息通过互联网联系起来，让消费者在商场就可查询农产品的原产地信息。既能让消费者放心，又能强化国家相关管理部门对农产品生产的全程监管。

■ 立法规范

发达国家对农产品生产、加工、储运和销售的监管，一般是通过制定多部法律、法规和规章进行管理的。这些立法大致分为两种情形。

一种是在综合性法律中对食品、农业投入品、包装和标签的调整，直接或间接地涉及农产品质量和安全问题。如英国的《1990年食品安全法》、美国的《联邦食品、药品和化妆品法》、加拿大的《食品和药品法》等。

另一种是在单一法律中，专门就农产品、农业投入品、某一种类或某一生产环节的质量安全问题做出规定。如英国的《动物防疫法》、加拿大的《有害物控制产品法》、《饲料法》、《肥料法》、《种子法》、《植物育种者权利法》、《肉类监督法》、《渔业监督法》、《动物防疫法》等。

■ 发达国家的农产品安全管理体制

由于农产品从生产到消费是一个连续的过程，对其监督管理不能人为地割裂，在对农产品质量和安全的全程管理过程中，应尽量减少管理机关的数量。

发达国家农产品质量和安全管理体制大致有以下三种模式：

(1) 主要由农业部门负责的模式。

1997年3月，加拿大议会通过了《加拿大食品监督署法》，决定由农业部的食品监督署统一负责监管加拿大所有的食品安全、动物健康和植物保护工作，并负责对农业投入品监管、产地检查、动植物和食品包装检疫、药残监控、加工设施检查和标签检查等，真正实现了农产品"从农田到餐桌"的全程管理监督。

(2) 成立专门的农产品食品安全监督管理机构模式。

1999年11月，英国议会通过《1999年食品标准法》决定成立独立的食品标准局，直接对英女王负责。其职能是：协助公共政策机关制定食品（饲料）政策；向公共当局及公众提供与食品（饲料）有关的建议、信息；为获取审查与食品（饲料）有关信息，可对食品和食品原料的生产、流通及饲料的生产、流通和使用等方面进行观测；对其他食品安全监管机关的执法活动进行监督、评估和检查。

(3) 多个部门共同负责的模式。

美国负责农产品食品安全的机构就有三个部门：农业部、卫生和公共事业部、环境保护署。农业部负责肉类、家禽和蛋类加工产品的监管工作；卫生和公共事业部负责其他食品、瓶装水、酒精含量低于7%的葡萄酒饮料的监管工作；环境保护署监管饮用水和杀虫剂。此外，美国商业部、财政部和联邦贸易委员会也从不同角度，承担了对食品安全的监管职能。由于美国对农产品食品安全监管是由多个部门负责，为了加强各机构间的协调配合，1998年，美国成立了食品传染疾病发生反应协调组和总统食品安全委员会。

■ 监管农产品质量和安全的主要手段

监管农产品质量和安全，主要有以下几种手段：

（1）完善标准。

英国有关标准既包括对掺杂、掺假食品的一般禁令，又包括对食品中不同化学残留容许量的具体限制；既包括对产品本身的标准，又包括加工操作规程的标准。

（2）建立检验检测体系。

英国、美国等国家的有关法律，都规定主管部长可任命分析人员负责检验检测工作。《加拿大农产品法》明确规定农业部部长认可有关实验室承担检验、分级、试验工作。

（3）加强监督检查，确保有关法令、标准得到执行。

英国、美国、加拿大等国家的有关法律，均授权监管机关可对农产品的生产、加工和销售场所进行检查，检查人员有权检查、复制和扣押记录，可取样分析。对检查中发现的违法农产品，监管机关可以采取查封、扣押和禁止移动、禁止销售等强制措施。

（4）承担法律责任。

英国、美国、加拿大等国家的有关法律规定，违法者不仅要承担对受害者的民事赔偿责任，还要受到行政处罚乃至刑事处罚。

（5）及时向公众公布农产品质量安全情况。

各国的相关制度不仅保护了公众健康，也使违法者商誉下降，产品难以销售。例如，美国将每年的9月定为全国食品安全教育月，加强对

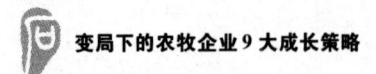

食品服务人员的食品安全训练和公众正确处理食品的教育，及时向公众公开有关农产品生产质量安全情况。

(6) 组织、支持和鼓励对农产品食品安全方面的科研。

加拿大食品监督署在国内拥有 22 个实验室和研究机构，负责全国农产品检测、咨询服务和科技开发工作，指导国内相关分支机构对农产品食品安全的监管工作。

第三节　食品安全，我们该怎么做

中国应学习和借鉴发达国家在农产品质量监管的标准建设、监督管理方面的经验，建立健全国内农产品质量检测标准和食品安全监管体系，对农产品的生产、加工、仓储、物流、配送和销售实行全程监管。同时，要制定相应的政策，扶持一些有实力的农业产业化龙头企业掌控农产品市场，形成优胜劣汰的农牧企业市场淘汰机制，形成由国家指导、农业产业化龙头企业挂帅、各种所有制企业和个人守法经营、农产品安全有序供给的良好局面。

■ 政府要加强标准制定工作

国家相关管理部门要加强农产品质量和安全类标准、规格类标准、生产投入品使用类标准、资源保护利用等标准的制定和修改工作。

目前，国家已制定、颁布农产品质量安全国家标准1300余项、行业标准3300余项、地方标准7000余项、食品加工国家标准和行业标准

第八章
食品安全：是危机也是机遇

600余项，初步建立了农产品质量及食品安全标准体系。各地政府要依照国家颁布的法律法规，建立健全农产品质量安全管理监督执法体系，落实标准强制实施制度、产地管理制度、包装和标识管理制度、监督检查制度、风险分析评估制度、信息发布制度以及违法行为责任追究制度等。

前不久，国家整合分散在多个行政管理部门的食品和药品安全监督管理机构，将隶属于工商行政管理总局的食品安全监管机构、隶属于国家商务部的食品药品安全监管机构、隶属于国家质量安全监督总局的食品药品安全监管机构、隶属于农业部的畜禽产品安全监管机构，整合成由国家质量安全监督总局统一管理的食品药品安全监督管理局。统一监督管理食品和药品生产质量安全，避免多头管理、条块分割、区域分割、责任不明、相互推诿的现象。

■ 引导生产向规范化、标准化和规模化的方向发展

农业生产要实现产业化的目标，国家必须加大对农业发展的投入，通过产业政策的引导，推动农业生产向规范化、标准化和规模化的方向发展。

地方政府要扶持有优势、有特色、有基础、有前景的农业产业化龙头企业，要把培育农业产业化龙头企业的工作放到关系到国家农业发展、农民增收和农村稳定的大局上。扶持农业产业化龙头企业要利用政策指导、金融和税收杠杆作用，在生产基地建设、原料采购、设备引进

和产品出口等方面给予帮助和扶持。地方政府农业、计划、经贸、财政、外贸、银行、国地税、证监会等部门，要根据发展需要研究新情况、新问题，不断充实和完善扶持龙头企业的政策措施，尽快形成若干具有竞争实力的农牧企业集团。这既是提高我国农业整体水平的需要，也是我国加入世贸组织参与国际农业开发竞争的需要。

从2000年开始，各地方政府就根据中央1号文件，扶持国家农业产业化龙头企业，积极推进农业产业化经营。

国家确定对固定资产规模：东部地区在5000万元以上，中部地区在3000万元以上，西部地区在2000万元以上；近5年年销售额：东部地区2亿元以上，中部地区1亿元以上，西部地区5000万元以上的农牧企业予以重点扶持。

还有一些农牧企业资产负债率小于60%，产品转化增值能力强，银行信用等级在A级以上（含A级），有抵御市场风险的能力；生产、加工、销售、各环节的利益联合机制健全，能带动较多的农户；有稳定的、较大规模的原料生产基地；企业主营产品符合国家产业政策，对区域经济带动作用大；科技含量高、市场潜力大，有健全的市场营销网络，市场份额位居同类产品前列的农牧企业也可以给予扶持。

国家有关部门规定，具备下列条件的农牧企业，也可纳入重点龙头企业加以扶持。

一是有较强科技创新能力和可持续发展能力。

二是所开发和生产的产品属高新技术产品或绿色食品，能促进和带动相关新产业形成。

三是科技部认定的科技示范企业。

四是主营产品优势明显，出口创汇潜力大、替代进口能力强，能形成带动面较大的特色产业等。

中央财政要继续给予支持，地方财政也要做出具体安排。引导龙头企业大范围带动生产基地和农户，形成"龙头企业+生产基地+农户"的产业化经营新格局。

国有商业银行要把扶持农业产业化经营作为信贷支农的重点。对信誉好的龙头企业可以核定一定的授信额度，收购与基地农户签订合同的农产品。

地方政府要积极探索和逐步建立龙头企业与农户多种形式的风险共担机制。通过签订合同等形式，形成稳定的购销关系，提高抵御市场风险的能力。企业可以建立风险基金，确保按保护价收购基地农户生产的原料。

暂免征收重点龙头企业从事种植业、养殖业和农林产品初加工业所得税。（财政部、国家税务总局《关于农口企事业单位征收企业所得税问题的通知》财税字［1997］49号）

为了鼓励重点龙头企业加快技术开发和技术创新，企业研究开发新产品、新技术、新工艺所产生的各项费用，在企业所得税前扣除的办法，按照财政部、国家税务总局《关于促进技术进步有关财务税收问题的通知》（财工字［1996］41号）和国家税务总局《关于促进企业技术进步有关税收问题的补充通知》（国税发［1996］152号）规定执行。符合国家产业政策的技术改造所需国产设备投资所得税抵免，按照财政部、国家税务总局《关于印发〈技术改造国产设备投资抵免企业所得税暂行办法〉的通知》（财税字［1999］290号）执行。

对符合外贸发展基金使用条件的农产品及其加工品出口项目融资予以贴息。鼓励重点龙头企业发挥比较优势参与国际竞争，提高产品竞争能力。参照国际通行做法，加大对重点龙头企业出口创汇的支持。

对符合国家高新技术目录和国家有关部门批准引进项目的农产品加工设备，除按照国发（［1997］37号文件）《国内投资项目不予免税的进口商品目录》所列商品外，免征进口关税和进口环节增值税。简化行政审批手续，放宽审批条件，支持重点龙头企业扩大出口。适当降低重点龙头企业成立进出口公司的资格，适当放宽其经营范围。鼓励中外合资农产品流通企业利用销售网络，推动我国农产品进入国外的销售网点和分拨中心。

鼓励重点龙头企业多渠道筹集资金，积极借鉴国内外投融资经验，利用资产重组、控股、参股、兼并、租赁等方式扩大企业规模，增强企业实力。符合条件的重点龙头企业，实行规范的公司制后，可申请发行股票和上市。已经上市的重点龙头企业，应利用好农业类上市公司在配股方面的倾斜政策。鼓励重点龙头企业利用外资开展合作。积极探索建立以重点龙头企业为主体的农业产业化发展投资基金。

■ 企业要有产品质量安全责任感

国内农牧企业编制产品标准应遵循以下原则：有国家标准或者地方

标准的，应当与国家标准或者地方标准进行比较；没有国家标准和地方标准的，应当与国际标准进行比较；没有国家标准、地方标准和国际标准的，应当与两个以上国家或地区的标准进行比较，优先选择发达国家或者与我国国情相近的国家或地区的标准；没有任何参照标准的，应当与原料、加工工艺相近的标准进行比较。农牧企业产品标准汇编后，要由企业法定代表人或主要负责人签署，向国家相关管理部门申报备案，获得认可后方可实施。

山东柳河集团在制定企业饲料标准时，以国家标准为依据，由该企业技术部先拟定，报集团总裁签批后下发执行。

山东柳河集团制定饲料产品标签标准，就参照国家（GB 10648-1999）标准，规定商品饲料和饲料添加剂的标签、通用术语和文字说明。

（1）药物饲料添加剂。为预防疾病或影响动物某种生理、生化功能，添加到饲料中的一种或几种药物与载体或稀释剂，按规定比例配制而成的均匀预混物。

（2）产品成分分析保证值。生产者根据规定的保证值项目，对其产品成分做出的承诺和保证，采用规定的分析方法得到的、符合标准要求的产品成分。

（3）净重。去除包装容器和其他包装材料后，包装物内实物的质量。

（4）保质期。是在规定的贮存条件下，保证饲料产品质量的期限。在此期限内，产品的成分、外观等应符合标准要求。

(5) 其他。该企业要求所属饲料企业，在标签上都要标注"本产品符合饲料卫生标准"字样，以明示该产品符合国家卫生标准规定。

该企业按国家标准标明饲料的真实属性、名称、饲喂对象和饲喂阶段，列出产品成分分析保证值。如饲料分析成分粗蛋白质、粗纤维、粗灰分、水分、钙、总磷、食盐、氨基酸，主要微量元素和维生素、载体和稀释剂，主要有毒有害物质最高含量、粒度，营养性添加剂的有效成分含量，非营养性添加剂的有效成分含量，药物添加剂的法定名称和剂量等。

该企业还规定，添加药物的饲料产品，标签上必须标注"含有药物饲料添加剂"字样，包括饲料中药物的准确含量、禁忌、停药期及其他注意事项。预混料、浓缩饲料和精料补充料，还应给出相应配套的推荐配方或使用方法等。生产日期要采用国际通用表示方法，如1998 - 08 - 01，并注明贮存条件及贮存方法。

各饲料厂必须标明与其营业执照一致的名称、详细地址、邮政编码、联系电话、生产许可证号和产品批准文号。饲料标签的印制材料应结实耐用，文字、符号、图形要清晰醒目，必须保证用户在购买和使用时清晰易辨。饲料标签上必须使用规范的汉字和汉语拼音，标签上出现的符号、代号、术语等应符合国家法令、法规和有关标准。饲料标签标注计量单位，必须采用法定计量单位。

一个标签只标示一个饲料产品，不可在一个标签同时标出几个饲料产品；有毒有害物质的含量标注，要以每千克饲料中含有某种有毒有害物质、质量或细菌个数表示（如 mg、μg 或细菌个数）。某种药物和维生素含量，以每千克饲料中含某种药物或维生素的质量，或以药物生物效值的国际单位表示（如 mg、μg 或国际单位 IU）。

■ 整合产业链，让消费者查到源头

中国农牧企业的发展，要走规范化和规模化的产业化发展之路，要强化产业链各环节的协同能力，提升企业的经营管理水平。

国内农牧企业要扩大生产经营规模，就要改变传统的生产组织管理模式，要走"**公司+基地+农户**"的发展道路；要依托企业所在地的区位优势和资源优势，引导分散经营的农民，建立农牧企业与农户共担市场风险、共享经营利益的合作机制。

国内农牧企业寻求发展，要掌握市场信息，聚焦专业能力开发新产品；要运用现代信息技术，实现企业生产经营各业务层面的信息共享，使生产和销售具有透明性、灵活性和协调性，实现农产品生产、加工、储运和分销管理等信息分享且可追溯，**使农产品进入消费渠道后，消费者在商场就能查询产品源头，放心采购商品了。**

山东柳河集团依托山东大规模肉鸡养殖的区位优势和资源优势，与当地养鸡专业合作社签订联合协议，实施"公司+基地+农户"的横向联合运营管理机制，将分散经营的农民组织起来，实现了千家万户农户与农产品大市场统一对接的愿望。

该企业在取得山东肉鸡养殖密集区域、地方政府的支持下，在当地成立了肉鸡养殖服务公司，并建设了包括有种鸡繁育、饲料加工厂、肉鸡屠宰加工厂和兽药厂的生产基地，通过当地政府引导，农民组织起来成立养鸡合作社与企业签订肉鸡养殖合作协议。

该企业负责统一为养鸡合作社农民提供鸡苗、饲料、兽药，并全程为养殖农民提供养殖技术服务，养鸡专业合作社农民负责肉鸡养殖日常饲养管理，不允许使用其他企业提供的兽药和饲料，肉鸡养成后由该企业屠宰加工推向市场销售。该企业对肉鸡养殖生产实现了全程可追溯管理。既保证了肉鸡产品质量和市场供应稳定，又使养鸡农民摆脱了分散养殖传统落后的生产经营方式。

■ 企业生产经营人心要正

湖南翔达集团董事长为了引导员工朝正确的方向努力，提出企业人心要正的观念。要求企业各级员工在日常生产和管理中，要严格执行工作标准，规范工作流程，严明管理制度，发挥员工激情，发扬团队精神，为客户服务，满足客户需求，为客户创造价值。

该企业在产品经营上推行分线经营，以猪料创造利润、禽料分摊费用、水产料谋发展、全价料引领未来。浓缩料要整合产品配方、原料、生产、营销多方面的资源，处理好与客户的关系，要加大投入，开发多品种，打造看家产品，处理好各方面的利益分配关系。

该企业提出产品市场开发要用低档产品切入市场，用高档产品提升市场竞争力。该企业注重开发新原料，利用新原料降低成本。调整产品价格时，不一定要及时通知客户，原则上，禽料和全价料等低毛利产品是直接调价后再和客户解释；浓缩料和乳猪料等毛利较高的产品调整价格时，可以给予客户一定的时间和销量缓冲。

该企业实行产品分线经营、专业化运作，要求经销商也要分线经营。产品分线经营对客户要体现企业一流的服务、优质的产品、中上水平的价格，品种数量以看家产品为主，也要适度覆盖经销渠道。

该企业提倡员工要把主要精力放在客户服务和提升产品质量上，要通过一揽子的服务方案为客户创造价值。同时，要保持产品质量长期稳定，产品原料采购要与配方科研、生产工艺、品质控制、营销推广等环节加强沟通协作，联合攻关，要在产品的性价比上有所突破，尤其是新原料的使用方面要大胆尝试，快速反馈行业内采用的新原料信息。

总的来说，这家企业生产经营的特色是：分线经营、专业运作、一流服务、优秀品质，注重开发大客户，产品销售通过赠料、客户服务，为客户提供套餐产品实现。该企业在提高生产管理效率上，加强了分线经营和全员劳动效率基础管理，实现了提高单班生产的效率、精简产品配方数量、提高生产管理技能、完善生产流程和组织管理、降低生产能耗和变动费用、学习精益生产管理、推行对标管理等。

案例：易理乳品集团——一切为了"放心奶"

乳品业生产经营包括奶牛养殖、饲草种植、饲料加工、疫病防治、乳品加工、产品保鲜贮存、冷链运输、配送和销售等多个环节的产业链，任何一个生产环节出现问题，都将影响产品的质量和安全。

从2008年以来，国内乳品行业产品质量和安全事故时有发生、影响极差，一度成为国内消费者关注的焦点。如何提高乳品的质量和食品安全水平，已经成为国内乳品行业发展的头等大事。易理乳品集团作为国内一流的大型乳品生产企业，急行业发展之所急，为提高乳品生产质量和安全水平，在乳品的生产管控方面加大了投入且做了大量细致的基础管理工作，取得了成效。

■ 采用国际标准，健全生产管理监控体系

易理乳品集团采用了国际上最严格的乳品质量管理和检验标准，建立健全了生产管理监控体系，实现了乳品生产管理的全程可追溯查询。同时，启动了工厂 ISO9001 质量管理体系、ISO14001 环境体系、OHSAS18001 职业健康安全管理体系。对乳品生产流程的管理，推行了国际上最先进的生产过程危害分析与关键控制点（HACCP），对产业链全程进行了危害评估分析，对生产流程关键控制点进行动态评估，投入资金从美国和日本进口气相色谱质谱仪、酶标仪、高效液相色谱仪等先进的检测设备，能够在30分钟内出具有关三聚氰胺、抗生素和农药残留等项目的检测数据报告。

该企业仅在原奶生产环节就实现了117项检测，对乳品生产全程检验检测指标设置多达899项。该企业通过现代信息系统联网管理技术，把乳品生产、加工和销售等信息串联起来，实现了从乳品生产到销售的全程可追溯查询，消费者可以在乳品购物商场详细查询某乳品生产和流通的各种信息。比如，奶源来自哪个奶牛养殖场，哪栋养殖棚舍，哪批奶牛，是谁供应的饲料和免疫保健药品，哪辆运奶车送奶到加工厂和商场等信息。

■ 帮扶奶源基地，保障奶源质量安全

从 2008 年至今，易理乳品集团投入了大量资金，与当地奶牛专业合作社的奶农合作建设奶牛养殖牧场、牧场园区和乳品收购联社；帮扶奶源生产基地规范奶站管理，改变奶源基地传统分散养殖的生产方式，逐步实现了由该企业管控奶源生产基地，乳品生产向规范化、标准化和规模化方向发展，提高了对原奶生产环节安全的监控力度，保证了原奶生产的产品质量。

该企业的奶源基地建设投资（挤奶设备、TMR、制冷罐等）为 1500 多万元，用于牧场建设的投资（大型牧场、千头牧场、牧场扶持）累计达 18 亿元，扶持家庭牧场、参股牧场建设投资超过 15 亿元，累计向生产基地奶农发放购牛贷款达 20 多亿元，初步实现了"公司＋基地＋农户"的牧场园区合作经营模式，企业与奶农共担风险、共享利益。

近年来，该企业在当地累计发放收奶款多达 600 多亿元，带动了当地奶牛产业发展，使当地 500 多万奶农脱贫致富。该企业还在"公司＋基地＋农户"的牧场园区推行统一规划、统一管理、统一饲养、统一改良、统一防疫和统一订单的乳业生产规范化管理，加强对奶农的养殖技术服务和指导，保证原奶生产质量，为广大消费者提供安全、绿色的乳品。

■ 全程监控原奶收储过程和运输过程

易理乳品企业集团为了强化奶源基地的原奶收储运输管理，在每辆原奶运输车上都安装了 GPS 定位和监控系统，在各个奶站收奶的关键区域都安装了"电子眼"，通过对原奶收储过程和运输全程进行监控，确保收储原奶的品质。该企业对每位奶农挤奶也有明确的卫生要求：牛体要保持卫生，挤奶前先要药浴，每头牛要单独用一条毛巾擦拭，挤完奶后要再次药浴，并且要做好设备清洗和相关记录。

该企业还对原奶生产基地的奶站、办公区、宿舍区、生产区一一做了规范化标识，并在奶站设有挤奶全程标准化流水作业图，开展标准化作业管理。该企业还派出专家常驻奶站，现场示范和指导奶农的工作，包括对生产基地技术员、乳品质量监管员、奶站人员和奶农的培训，提高他们的乳品质量安全意识，在收储前杜绝出现"问题奶"。

变局下的农牧企业 9大成长策略

第九章 文化建设：构建最强大的动力源

推进农牧企业文化建设、开展员工思想政治工作和强化各项管理制度，已成为农牧企业做好生产经营管理、推动企业发展的重要工作。

第一节　企业文化的内涵

■ 强化企业道德和塑造企业形象

企业文化建设、培育企业精神就是要为企业发展注入动力源泉，要建立企业全体员工共同认可的核心价值观，发展愿景和使命，引导和激励员工为企业发展努力奋斗。

强化企业道德就是使农牧企业的全体员工时刻牢记自己的从业宗旨，如保证产品质量安全，诚信经营，管理以人为本，互相帮助和团结协作等。

塑造企业形象就要培养农牧企业的优秀员工，通过对企业全体员工的文化教育，增强他们的法制观念，提高他们的道德修养、生产技能和个人素质，并运用企业板报、宣传栏、标语和现代媒体等形式，传播农牧企业的新思想、新风尚和好人好事。

湖南翔达集团推进企业文化建设，要求各级管理部门要重视对员工的素质教育和岗位技能培训。该企业董事长经常对员工说："做农牧企业，特别是肉食品企业，做的是良心事，讲究的是职业道德，我们给消费者提供的是食品，不能有半点疏忽，否则就会铸成大错。我们必须认真、认真、再认真地对待每个环节的生产和管理工作。"

该企业提倡"心要正、吃得苦、霸得蛮"的湘商精神,教育员工要以企业发展大局为重,摆正个人心态,不能以损害企业和消费者的利益谋取个人利益;要吃苦耐劳,全心全意地为客户服务,完成企业交给的各项工作任务;遇到困难要有勇气、决心和信心克服,要有不克服困难绝不回头的硬汉精神。

(1)"客户至上、团队精神"是该企业的核心价值观。

湖南翔达集团提出"要让客户满意,就必须先让员工满意"的企业经营管理理念。该企业认为,员工的激情和奋斗精神来源于对企业发展的信心,来源于受人尊重和企业上下真诚团结协作的企业文化氛围。该企业董事长要求各级管理人员要真心实意地帮助下属成功,尊重员工、关心员工,推动整个团队进步。

该企业还通过自办《集团报》、宣传栏、集团网站等方式,以及日常的班组学习、朝训、员工代表会议等途径,积极传播企业近期和远期的发展规划、员工工作条件改善和提高福利水平的安排、优秀员工的业绩宣传和奖励报道、客户对企业的褒奖等。

(2)"积极引导、正向激励",重视培养团队精神和工作激情。

湖南翔达集团考核下属公司运营管理,各级管理人员下基层,分析当前经济形势,以行业标杆企业为榜样,探讨改进工作的方法、寻找新的突破点,了解竞争对手的工作态势,推动各项工作有序展开。

第一,沿着总成本领先的方向开展工作,突破竞争对手的围攻。

第二,力争实现经营目标、销售收入的迅速增长,要在当地市场争取第一。

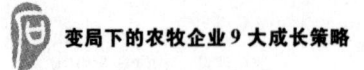

第三，在偿还股东投资利息的基础上取得效益，八年内收回全部投资。

近年来，该企业饲料和肉类事业部取得了较好的业绩，很大程度上得益于优秀员工代表大会、企业科技成果表彰会等，真正把员工的激情调动起来了。

当然，该企业也明白，员工的工作激情和团队精神不是靠管理者说说就能形成的，要靠企业长期、细致的思想政治工作积累。一方面，企业要加快产业化发展，为员工营造广阔的事业平台；另一方面，要解决员工生活和工作中的困难。

■ 增强员工的凝聚力

企业加强员工思想政治工作要紧扣企业发展的战略目标，要正确处理企业和员工之间的利益关系，要让员工将个人奋斗的激情融入企业的快速发展中。

企业思想政治工作者要深入基层，细心了解员工的思想动态，千方百计地解决他们在生活和工作中的困难，让他们能够心情愉快地投入到工作中。

企业开展思想政治工作要充分利用党、团、工会组织，要提高企业各级管理干部的道德修养，让他们成为企业的楷模。

农牧企业要根据企业发展的新形势，不断改进思想政治工作方法。

第九章
文化建设：构建最强大的动力源

湖南翔达集团把为员工解决实际问题作为思想政治工作的落脚点，增强企业的凝聚力。在实际工作中，切实解决员工工作和生活的困难，得人心、暖人心、稳人心。具体做法如下：

(1) 积极为员工提高生产、经营和管理技能创造条件。

采取多种方式，加强对员工经营和管理技能的培训，提高员工的综合素质。

第一，先后投资 50 万元与湖南农学院联合开办了农牧企业管理专业研究生班，已经为企业培养了 20 名企业管理类的研究生。

第二，利用自办的员工专科学校，设置不同生产技能专业培训方向，帮助 40 多名无技术职称的员工获得了中级技术职称，为他们打下了专业知识的基础。

第三，对新招聘的大学生进行岗位轮换，尽量让他们多接触企业不同的生产环节，掌握更多的生产技能，最终把他们安排到最能发挥特长的岗位上。

第四，对科技人员做到在生活上帮助他们，在学习上支持他们，在工作上重用他们，在思想上关心他们，使他们全身心地投入工作，为企业发展贡献力量。

第五，集团中层干部竞选上岗，先后有 3 名员工通过竞选走上了企业中层领导岗位。几年来，该企业下属公司有多名中层干部被提拔到集团的领导岗位上。

(2) 千方百计地为员工解决生活困难。

第一，国家房改政策出台后，该企业根据员工为企业服务的年限，实行一次性购房资金补贴，并为其购房还款支付一定的贷款利息。

第二，为稳定企业专业人才队伍，该企业对入职的大中专以上的毕业生，按学位高低发放学位津贴，以此鼓励员工接受专业技能教育。

第三，对独身员工、租房员工每月发放300元生活补贴和住房补贴。

第四，该企业对员工子女升学给予补助，对大学本科学生每月补助100元，专科学生每月补助70元，中专学生每月补助50元，由企业工会每月按时寄出。

(3) 为企业员工谋福利，办实事。

湖南翔达集团在为员工谋福利、活跃文化生活方面也下了一番功夫。

第一，该企业每年分期、分批组织做出突出贡献的员工，到新加坡、马来西亚、香港和澳门等国家和地区旅游。

第二，该企业的工作紧张、繁忙，员工体力消耗较大，为保证员工身体健康，每天上午和下午，分别给员工发工间餐——一杯鲜奶、一个鸡蛋。

第三，该企业还针对女员工工作忙、料理家务时间少的实际情况，在女员工婆婆和母亲过生日时，把生日蛋糕送到女员工家中，祝老人生日快乐。

第四，员工过生日时，总经理都要亲自签发员工生日贺卡，送去生日蛋糕，带去企业对员工的生日祝福。

第五，该企业还专门为刚毕业的大学生建设了集吃、住、娱乐和健身于一体的大学生公寓，为他们创造良好的生活条件，让他们能全身心地投入到工作中。

第九章
文化建设：构建最强大的动力源

■ 将经营管理理念落实到制度上

农牧企业通过和风细雨的思想政治工作，营造企业与员工关系和谐的氛围。这时出台各项生产、经营和管理制度，可以避免员工产生误会和抵触情绪。

目前，国内有一些农牧企业推进生产、经营和管理制度建设，会选配一些人力资源管理干部，兼职开展企业的思想政治工作和各项管理制度建设工作。我们建议，有条件的农牧企业选拔一些专职的思想政治工作和制度建设的专业干部，企业要尊重他们的劳动，提升他们的地位。当然，我们还提倡企业的一把手要亲自抓员工的思想政治工作和生产经营管理各项制度的建设工作，这将使企业的思想政治工作和各项制度建设工作事半功倍。

湖南翔达集团为了将经营管理理念融入具体工作中，在制定各项管理规章制度时，推广"微利经营，服务客户，精细化管理"的理念。

比如，该企业要求饲料事业部"微利经营，为客户提供全方位的服务"，经营管理理念落实到制度层面上，建立管理制度时，理念就体现在财务核算和业务流程管理过程中。

该企业的具体做法是，围绕为客户服务、微利经营的管理理念，在财务制度建设方面**推行"财务五条生命线"的管理方法**。财务中心收集相关的数据和信息，掌控产品的生产成本、销售费用和整个业务流程管理费用，让企业的实际运营真正贯彻先进理念。

第一条：销售收入净增长生命线。

第二条：销售收入毛利率生命线。

第三条：四项费用率生命线。

第四条：保本销售收入生命线。

第五条：投入产出生命线。

在此基础上，做好"五抓五查"（抓现金，查往来；抓物流，查库存；抓利润，查五线；抓信息，查披露；抓队伍，查考核）工作，强化集团对饲料板块各分/子公司财务管理与经营工作的协调和监控。与此同时，该企业还要求财务部建立相关的管理制度。

（1）饲料事业部财务中心要按国家财务管理的法规和相关条例，以及会计制度，加强对饲料板块各分/子公司的财务核算和经营业务流程活动的有效监控和管理。

（2）饲料板块各分/子公司财务部要根据"财务五条生命线"的管理要求，做好各项财务核算与业务管理的相关基础工作。

（3）饲料板块各分/子公司不得预收客户货款，特别是在公司准备调价之前，更不许客户按原价开票不提货；鱼饲料季节性预付款，应按与客户事先商定的产品价格开出发货票据，要作为销售收入处理，不得做临时预付款挂账处理。

（4）控制新进原料、库存原料价格波动对产品毛利率变化的影响。

第一，原料保管员对当天所有入库原料，必须当天将品种、单价、数量输入计算机系统，以便财务准确掌握库存原料价格。如原料发票未能及时送到，原料保管员可依据原料采购合同或采购经理的口头通知作价入库，待发票来到或月底结算时平账。

第二，各饲料公司成品销售当日开票，必须当日提货；没有提完的货，提货单据在下班前应做退库处理；延期到第二天的提货单自动作废，必须按公司当天的产品价格重新开票，以保证成品库存的账物相符。

第三，财务经理在原料价格波动较大的情况下，要严密监控原料入库每天的价格变动情况，按照产品到账价格，反推产品销售的毛利，逐个计算涉及涨价原料的产品、毛利降低水平，并与集团饲料事业部确定的产品毛利限额对比，向产品分线经营的总经理发出预警，要求调整产品价格，尽量降低价格波动对产品销售工作的影响。

（5）集团饲料事业部对四项费用预算与分公司费用实际开支对比分析。

第一，省内饲料公司大区财务经理发现四项费用预算与实际开支对比有差异时，要及时通知生产厂长和产品分线总经理，及时控制超预算的费用开支。原则上，制造费用和管理费用由生产厂长管控，销售费用由产品分线总经理管控，财务费用由财务经理管控。

第二，省外饲料公司财务经理发现四项费用预算与实际开支对比有差异时，要及时通知公司总经理及时控制超预算的费用开支。原则上，制造费用由生产经理和总经理管控，管理费用和销售费用由销售经理和总经理管控，财务费用由财务经理管控。

第三，饲料公司生产费用能耗要装表测定，由生产经理督促生产班组管控。生产工人工资要逐步过渡到"保底工资＋产品生产数量提成"；生产设备修理的机物料耗费用要核定基数，按基数对维修班组实行定额考核，采取超支受罚、节约有奖的办法管理。

第四，销售费用要控制产品临时性促销费用（最好在一定时间内取消）。业务员的收入要采取"基本工资+销售提成"的办法管控；产品价格和销售政策要统一研究确定，不允许公司总经理签批临时性促销和优惠折让；所有招待费和处理关系的费用必须事先申请，批准后才能开支，当月报销，不允许跨月报账。从根本上杜绝预算外的各项费用开支。

（6）产品销量增加和减少对费用率的影响分析。

第一，上月产品销量和四项费用率与本月的对比，分析本月产品销量增减对四项费用率的影响。设定产品销售和四项费用与上月相比基本不变，费用率应随销量增加而减小。

第二，根据上月产品分品种的毛利额、四项费用、销量、利润总额和财务核算的成本，预测在销量变化的情况下，哪些费用开支会发生较大变化，应加强控制。

（7）饲料板块各分/子公司财务部要制订本月产品销量（销售收入）、毛利、四项费用、利润额和成本核算与财务管理计划，指导公司产品分线经营和管理费用的控制。

（8）每周财务要预测产品销量、毛利和费用开支情况，每周进行一次原料和成品库存盘点，估算四项费用开支，用本期销售收入减去成本和估算费用，得出本周经营收益。

第一，每周测算如发现产品销量呈下降趋势，要控制制造费用和销售费用，考虑能否挤出费用用于产品促销，提高销量。财务要测算四项费用管控的量化指标。

第二，财务经理要根据季节变化，对浓缩料和全价料分线经营，产

第九章
文化建设：构建最强大的动力源

品结构随养殖规模、原料价格和畜禽产品行情变化，给分线总经理提出费用控制或降低产品售价的建议。

（9）饲料板块各分/子公司财务经理，月底都要按照产品分线经营模式，计算全月的产品销量、四项费用开支、毛利和利润总额，并与上月经营业绩比较，考评专线经营各线路产品销售的工作绩效。

第二节　制度是企业文化落地的保障

■ 制度建设是一项系统工程

农牧企业的文化建设、思想政治工作和各项管理制度建设是一项系统工程。

近年来，国内农牧企业快速发展，经营规模不断扩张，传统的生产流程和经营管理模式难以适应当前企业快速发展的要求。企业要推进生产流程再造，调整管理制度，就有可能与员工传统的价值观和行为方式发生冲突。因此，企业有必要通过和风细雨的思想政治工作，营造企业与员工的和谐氛围，推进企业的文化建设，为员工树立远大理想，从而制定出台各项新的企业管理制度，规范和约束员工的行为，避免员工产生误会和矛盾，使各项管理制度更能够让员工认同、接受并自觉遵守，达到农牧企业运营管理规范、稳定，持续高效的目的。

(1) 推进企业发展产业化转型升级。

山东柳河集团提出向养殖业转移是未来饲料企业发展的必由之路，从以饲料生产销售为主业转型成为以养殖业为中心的农牧企业。这是重要的经营发展战略转型，企业的各类资源掌控和生产经营管理人才结构都将发生重大转变。

(2) 动员老员工带头进入畜禽养殖产业。

该企业董事长亲自到各饲料公司做高管和基层员工的思想工作，动员和鼓励大家投身养殖事业，为发展畜牧养殖事业贡献力量。这时，先后有几十位从事饲料生产和销售的总经理和学畜牧兽医专业的技术员，他们转业到了工作条件相对艰苦、管理难度较大的商品肉鸡养殖场工作。

他们都是创业元老，为了企业的长远发展，心甘情愿地来到畜禽养殖场，在远离村镇的荒郊野岭克服重重困难，建设了第一批商品肉鸡养殖场，并且夜以继日地在这些养殖场摸索规模化肉鸡养殖的饲喂管理模式。

(3) 用制度提高员工参与养殖的积极性。

山东柳河集团发展畜禽养殖产业，建立肉鸡养殖产业化一条龙生产经营模式。要说完全是创业元老们的思想先进、无私无畏为企业发展做贡献的高尚精神，还有一定的片面性；该企业用制度提高员工参与畜禽养殖的积极性。因为企业如果不利用管理制度，这么艰苦的工作条件和复杂的生产经营管理流程，很难有人持续接替下去。

该企业董事会决定，除了在各种场合积极宣传和表彰他们的创业精神外，还将肉鸡养殖场设计、建设成为花园式养殖农场，给养殖场所有员工配套建设了环境优美、生活娱乐设施齐全的员工家园,并将肉鸡养殖场40%的股份奖励给他们。让他们在日后的分红中,分期补交投资款给集团总公司,让他们真正成为了该企业肉鸡养殖产业的原始创业人。

■ 管理光有制度不行

农牧企业的生产、经营和管理光有制度是不行的,因为在畜禽养殖生产过程管理中,许多生产环节会出现难以预料的突发性事件,光靠制度很难管理好,必须依靠员工的自觉性和主观能动性。比如,企业虽然有要求饲养管理员每天巡视畜禽栏舍的管理制度,但饲养管理员是不是细心观察畜禽养殖日常生长情况,及时发现畜禽养殖过程中细微的生态变化,积极采取疾病预防措施,防止畜禽养殖出现大面积的疫情病变,这些很难用管理制度和条例约束。

管理制度很难约束人们的责任心,文化引导尤为重要。

山东柳河集团在饲料产品的分销管理上,对经销商的管理比较严格。一要缴纳产品销售加盟费;二要遵守区域市场产品最低价格限制约定;三要承诺不跨区窜户扰乱产品价格;四要提前报计划,汇款后才能提货;五是不允许销售其他企业的产品;六要按时参加公司的销售会议,并且与相应的奖罚制度挂钩。

从表面看,该企业对经销商的管理是无懈可击的,但经过一段时间的考核,该企业就发现一些经销商应付企业的检查,并没有花力气开发

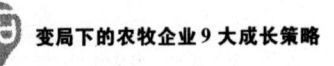

市场，为客户服务。遇到问题和困难时，他们与企业总是离心离德，很容易被其他企业挖走。

该企业想到，对经销商管理光有制度约束不行，还应加强对经销商的企业文化培训，要把先进的经营理念传递给他们，让他们自觉为客户服务，开发市场。

（1）要求业务员对经销商开展细致的思想工作，使他们树立起良好的职业道德和经营理念；对社会和家庭要有高度的责任感，对客户要常怀感恩之情；始终把客户的利益放在第一位，要以为客户服务的方式建立良好的产品经销关系。

（2）指导经销商与同行业其他厂家进行理性市场竞争，不以互相杀价的方式竞争。通过学习对方、研究对方，与对方比产品质量和服务水平，最终超越对方。

（3）要求经销商与同行业其他厂家交朋友，了解、学习、研究他们的工作方法，也可以共同培育市场，拓宽当地产品市场的容量。

（4）在市场竞争中，要与同行业其他厂家比产品质量、服务水平以及为客户负责的信誉，在当地产品市场形成良好的口碑。

（5）该企业还根据市场情况，专门为各地不同的经销商设计在当地适销对路的产品，并规划好产品市场网络，使他们在市场竞争中有非同一般的竞争力。

■ 相互影响、相互作用

企业文化建设和制度建设，两者是相互影响、相互作用的。

第九章
文化建设：构建最强大的动力源

创业时期的企业文化建设，一般是以董事长的文化偏好为导向，确立企业发展的愿景和使命，员工的思想政治工作也多由董事长亲自主导，并建立起各项管理制度的雏形。随着企业的不断发展，引进先进的管理理念，将推动企业各项制度的变革；各项制度的变革完善又将推进企业发展，企业能够接触到更加先进的文化，进而提升企业文化的境界。

进入战略转型升级、快速发展时期，我们提倡用企业文化和管理制度同时监控企业的发展。这样可以提醒企业发展既不要被发热的文化愿景冲昏了头脑，又不要被守旧的管理制度捆住了手脚。当企业发展还需要摸着石头过河时，企业一定要制定防范风险的管理制度，约束天马行空的发展梦想。

（1）农牧企业文化建设与制度建设是在相互影响中提升的。

河南华鹰集团从1993年2月生产鸭肉产品以来，就把产品质量和品牌建设作为立企之本，企业在员工中宣传品牌建设，希望大家维护产品质量和品牌形象。建厂第一天起，就提出了"**谁砸企业质量的牌子，企业就砸谁的饭碗**"的企业质量文化。

该企业组织编写了《企业员工守则》、《企业质量管理手册》和《企业生产作业指导书》，使企业的每个生产岗位、每道工序都有严格的操作规程和管理制度。围绕上述内容，该企业还组织员工进行相关制度讲解和业务技能方面的培训。

（2）用管理制度明确企业质量文化。

中国加入世界贸易组织后，河南华鹰集团的肉鸭出口产品，面临着更多的疫病、药残和重金属危害等项目检测,以及外国进口商人挑剔甚至是苛刻的要求。

为了提高员工的产品卫生安全意识,该企业结合实际情况,首先,邀请国内权威的检验检疫部门专家对员工进行全方位、多角度的培训,使员工在消毒防疫、药残控制、食品卫生安全方面的认识得以提高。其次,对原有的产品质量和安全卫生标准做了修订。最后,该企业把每年的8月18日至9月18日定为质量宣传月,明确活动主题、内容和实施步骤,在活动中选出"质量能手"和"技术标兵"。

(3) 简单的质量文化口号正在失去作用。

近年来,该企业的经营规模迅速扩大,产品质量管理靠简单的"砸饭碗的质量文化"方式和一些老套的管理规章制度已经不行了。因为生产线上是好几百人同时工作,生产中要追究某人或是几个人的责任,已经是一件不太好办的事情了。

该企业开始用企业文化培育员工的方式,引导员工当岗位和工作的主人,提高自觉性和责任感,做到"上道工序对下道工序负责"。同时,完善各项制度,推出新的生产质量索赔制度、质量工资制度和质量不合格"一票否决"制度。

该企业严格要求,不合格的原料不许进厂,严禁不合格产品进入下道工序,全面提高每道工序的一次性合格率;做到各类不同产品分专线生产、分批消毒、批次管理;通过时时监控、层层把关,使产品的质量安全始终处于"受控"状态。

由于消费者对产品质量要求不断提高,该企业的生产管理制度也在不断完善,开始推进肉鸭养殖专业化、标准化和规模化的模式,自筹资金建设规模化商品肉鸭养殖场，实行统一鸭苗、统一防疫用药、统一饲料供应、统一饲喂管理的封闭式生产管理。

(4) 树立"全员为经营，经营为客户，一切为市场"的企业文化。

该企业树立"全员为经营，经营为客户，一切为市场"的经营理念，加强同国内外专业代理公司的业务往来，把优质产品推向国内外市场，使产品不仅在国内畅销，而且远销到韩国、日本、俄罗斯、香港等国家和地区。

该企业还把肉鸭产业链延伸到了羽绒及肉鸭熟食产品加工等环节，不仅使企业更有发展后劲，还使产业化发展的内涵更加丰富了，为企业的长远发展奠定了基础。

案例：华通集团的企业文化咨询成果

我们为浙江华通集团开展了文化建设、思想政治工作和制度建设的企业管理咨询服务，该集团主要从事生猪养殖、饲料加工、生猪屠宰和肉食品加工业务。

■ 企业的愿景

成为国内一流的综合肉制品供应商，让人们的生活更美好。

一流是产品品质一流、客户体验一流以及在特定区域与客户群体品牌竞争力一流。在产业链中，只有把各个环节协同起来，才能体现综合竞争优势。核心竞争优势在于与消费者接触的肉制品，只有综合肉制品供应商才能长期生存，才能提高消费者的生活品质。

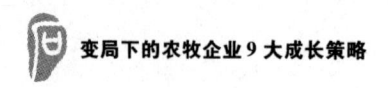

■ 企业的使命

为千家万户提供绿色、安全的肉制品。

消费者对肉制品的需求首先是绿色、安全的产品，而这种需求才是企业创造差异化竞争优势的源泉。满足这种需求，意味着消费者对该企业的品牌是忠诚的，企业的品牌竞争力是无法被竞争者超越的，企业的品牌将被越来越多的消费者接受。

■ 企业的核心价值观

诚实，正直，客户至上，善待员工，合作共享。

食品行业是一个良心行业，容不得半点欺骗和造假，诚实、正直是一个食品企业最基本的道德底线。企业是围绕客户营销和创新的，客户是农牧企业生存和发展的动力源。农牧企业为客户服务，必须通过员工的努力才能实现，企业对员工好，员工才会对客户好。农牧企业的产业链各个环节必须合作共享，规模化要求每个环节都要与社会资源合作共享，专业化要求农牧企业与员工要合作共享。

■ 企业的经营理念

专注专业、品质优先、成本领先、体验创新。

（1）企业要专注农牧行业，专注意味着农牧企业要不断积累行业经验和特定资源。只有这样，企业才有可能成为行业的专家，取得特定竞争优势。

（2）食品的竞争优势依次来源于品质、成本和客户体验，只有在保证品质优先的基础上，才谈得上成本优势，才有可能给予客户好的产品和体验。

（3）客户的购买力是由消费需求和购买能力共同决定的，只有把成本降到客户购买能力的范围内，才能扩大市场容量，成本领先对企业规模化很重要。

（4）避免价格战，获取高附加值，并赢得客户的忠诚，就要让品牌成为客户生活中必不可少的一部分，客户体验创新越来越重要。

■ 企业的管理理念

坚守规则、信任包容、充分授权、勇当责任。

只有规范化、标准化后才能规模化，按照流程和制度管理是前提条件，规则是最重要的管理手段。除了规则保证效率之外，农牧企业还需要信任、包容促进创新。

创新的前提：一是相信员工尝试新机会的动机是有利于企业；二是要容忍员工在尝试新机会时出现的失误，失误从某种意义上说也是一种学习，对此要有包容的态度。

随着农牧企业的跨区域发展和业务复杂化，决策者掌握的信息越来越不充分，只有充分授权才能让专业的人做专业的事，及时对市场做出反应；权力和责任是需要对等匹配的，为了保证权力不被误用和滥用，需要被授权者勇于承担责任。

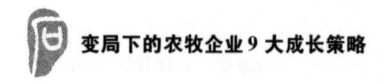

■ 企业精神

阳光上进、激情创新、精细管理、精致生活。

（1）**阳光上进**。农牧行业的市场容量在不断扩大，是一个阳光行业，但农牧行业的市场集中度也日益提高，如果农牧企业没有上进心，不能抓住机会，发展规模化经营，就会错失发展变革的大好机会。在食品行业，生产经营、诚信道德是基本底线，农牧企业做事做人都必须"阳光"。

（2）**激情创新**。农牧行业横跨第一产业、第二产业、第三产业，涉及众多资源组合，只要大胆创新，就能找到与众不同的商业模式和管理方法。

农牧行业的消费者拥有不同的消费习惯和生活方式，他们对于肉制品的需求千变万化，农牧企业需要用激情去引导和激发消费者的广泛需求，创造需求永远比迎合需求主动。

（3）**精细管理**。效率和创新来自不断优化的流程和积极主动的专业化员工，精细管理意味着农牧企业一是要有不断优化流程的意识和能力，二是要有人文关怀意识，尽可能让每位员工做自己喜欢的和擅长的事，关心员工的内心成长。只有让员工把工作当成人生中最重要的一部分，员工才会自发提升效率并创新工作方法。

（4）**精致生活**。农牧企业只有开发出高品质、低成本、客户体验良好的新产品，才能让客户的生活更有品位，让客户过上精致的生活。

只有通过提高效率和创新工作，员工才能让企业更有竞争力，才能得到更高的报酬，进而改善自己的工作和生活环境，让自己的生活变得更美好。

■ 员工思想政治工作

浙江华通集团会在每周五的文化宣传日上告诉员工："企业要成为国内一流的综合肉制品供应商，让人们的生活更加美好。企业要求每位员工，共同努力工作，和消费者一起开创美好生活。"

（1）要求全体员工在工作中不畏艰难、锐意进取、敢于拼搏、勇于创新、超越自我，永无止境地向新的更高目标攀登；要有一流企业的工作责任感，坚持经济责任和社会责任的统一，要在为消费者提供满意的产品和服务的同时，也为自己构建美好生活。

（2）在每天的班前会上，要求员工讲评过去一天的工作，是否对自己完成的工作满意，是否在生产操作过程中对消费者负责；消费者在口味和消费体验方面会提出更多需求，这些需求是企业创造差异化竞争优势的动力源泉。

（3）企业在快速发展壮大的同时，要为员工搭建起实现自我的事业平台，要建立起科学的绩效考核和薪酬体系，让员工分享企业发展的成果。

（4）竭诚为客户提供可以信赖的产品，为股东提供满意的投资回报，不断提升企业产品的品牌影响力和公信力。

（5）在每周六的生产经营检讨会上，让各部门的管理人员分析一周的生产经营情况、产品生产质量、品质管理水平、产品销售情况、生产成本和客户体验反馈情况。

这就意味着，该企业要在生产、经营和管理上，通过规范化和标准化的流程制度保证工作效率，通过授权和责任担当促进企业快速发展。企业将集中一切优势力量，不断加大技术创新与市场开拓力度，增强企业的生产经营能力、盈利能力和可持续发展能力。

该企业坚持以生猪屠宰加工销售为主的经营业务，切实按照有利于支持和促进主业发展为原则，积极延伸产业链，稳健拓展饲料和生猪养殖等业务，响应国家对农牧产业化发展的号召；推动环境友好、资源节约型绿色农牧产业的发展；团结协作、诚实守信、公平竞争，反对用不正当手段损害同行和客户利益；规范管理，提高产品质量，更多地为消费者提供物美价廉的综合肉制品。

■ 各项管理制度建设

以核心管控流程和权责授信体系为基础，推动企业各项管理制度建设。

该企业在管控流程设计上，基本做到了管理职能相对集权，业务操作职能相对放权；计划外、预算外相对集权，计划内、预算内相对放权；经营开支总额控制集权，业务操作逐笔控制相对放权；关键事项事前控制，一般事项事后控制。确定核心管控流程是企业实现经营目标，达成经营业绩和降低经营风险的关键环节。

（1）管控企业经营目标方向，体现为战略规划管理流程。

（2）管控经营的实施路径，体现为企业年度经营计划流程。

（3）管控经营开展所需的资源配置，体现为经营预算管理流程。

第九章
文化建设：构建最强大的动力源

（4）管控人、财、物核心资源配置的规范化操作，体现为人力资源规划流程、财务监管流程、投融资管理流程和物资采购管理流程等。

（5）管控经营绩效，确保对经营过程中重要经营指标的监控，并及时做调整，最终对经营结果做出正确评价的绩效管控流程等。

拟定核心管控流程后，要让执行者高效完成经营管理任务。

（1）确定给经营管理者匹配相应的责任和权力：规划管理责任、年度计划责任、经营预算管理责任、人力资源规划责任、财务监管责任、投融资管理责任、物资采购管理责任、经营业绩考核责任；相关权力包括提案权、审核权、审议权、审批权和备案等。

（2）董事长拥有战略规划、投资决策审批权；董事会设立的相关管理委员会拥有相应的审议权；总裁拥有企业年度经营计划和经营预算管理的审批权。

（3）根据发展规划设立的各职能部门总经理，在计划内、预算内拥有资源配置审批权；总裁拥有以备案方式获得资源调配和动用的知情权。

（4）按照职能部门业务功能设定的各职能部门业务科长，拥有对开展业务所需资源配置的执行权，以便推动各项业务顺利开展。

（5）企业各项业务的审批顺序为先下级，后上级；先经业务线，后经行政线路有关部门，最后报财务列支。

（6）企业各项业务的审批流程要严格按照企业相关管控流程（或制度）文件执行，严禁越级、越权审批。

确定管控流程和权责授信体系后，要梳理各条管理线路的相关制度。 如企业员工手册、企业发展战略规划管理制度、企业对外投融资管

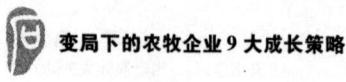

理制度、企业安全生产管理制度、企业产品销售管理制度、企业门户网站管理制度、门卫管理制度、企业消防安全管理制度、办公室管理制度、企业会议召集管理制度、文件收发管理制度、各级请示汇报制度、小车和招待费管理制度、印鉴和介绍信管理制度等。

2014 新书预告:"变局"系列丛书

实体店销量下滑、线上线下冲突不断,互联网、大数据、OTO……,市场一线的压力让企业痛苦,扑面而来的新名词、新玩法又让企业焦虑甚至恐惧。

谁都不想成为恐龙,怎么办?希望 2014 年陆续推出的"变局"系列丛书,能帮助企业看清方向,心中有数!

- 《变局下的**营销模式**升级》程绍珊　叶宁著

营销模式怎么变,无外乎三种方式:客户驱动模式、技术驱动模式、资源驱动模式!

- 《变局下的**白酒**企业重构》杨永华著

白酒行业从扩容式增长——"你增长,我也增长",变成竞争式增长——"你死我活",产业整合大势中,谁能活下来?需要哪些条件?怎样才能做到?

- 《变局下的**快消品**营销实战策略》杨永华著

通胀了,成本增加,涨价也不是长久办法,如何从一招一式的被迫应战变成心中有数的"系统战"?

- 《变局下的**工业品**企业 7 大机遇》叶敦明著

产业链条的整合机会、盈利模式的复制机会、营销红利的机会、工业服务商转型机会、渠道的合纵连横机会、借船出海的资本机会、电商机会……

- 《变局下的**农牧**企业 9 大成长策略》彭志雄著

食品安全、纵向延伸、横向联合、品牌建设……是挑战,又都是机遇!

- 《变局下的……》敬请关注

图书导读

为了帮助读者更快、更方便地找到自己需要的书，让书发挥最大价值，我们精心制作了这份导读，希望对大家有所帮助！

博瑞森的书，最适合谁来读？

经营者（老板、总经理、董事长、企业家、合伙人、厂长等）和**管理者**（企业高层、中层和部分基层管理者）以及企业的**骨干员工**（思考如何为企业创造更大的价值），你就是我们的读者，共同的战友！

因为我们相信，你就是影响企业发展大局的关键人物，影响你，帮助你，和你共同学习成长，就是和中国企业一起成长！

博瑞森的书，最大特点？

我们坚持"企业视角，本土实践"的出版理念，要对企业实践产生实实在在的作用。

"**本土**"——理论和思想可以来自古今中外，但一定要适应本土；

"**实战**"——作者都是从企业、市场中摸爬滚打出来的，实战性是渗到骨子里的；

博瑞森的书，怎样"读"，作用好？

免费电子版，手机随时"读"

我们 **90%** 的书都提供**免费**的**全文电子版**，下载到手机（或 Pad、电脑）里，让惜时如金的你，获得最大程度的阅读自由！

操作方法：回复图书编号（封底下部或内文第 1 页底部的 4 位数字）和你的邮箱地址。例如回复"1205 ＋ zhang＊＊＊@126.com"到手机 13611149991，2 个工作日内即可在邮箱收到图书的全文电子版。

QQ 群，读者间讨论着"读"

加入"**博瑞森读者群（202230847、190415943）**"的 QQ 讨论群，你的困惑、感受和读者、作者随时深入讨论！

操作方法：入群口令为"图书名称＋手机号"。提个醒，群里有事说事，别乱发广告、搞笑段子，会被踢的。

作者见面会，带着问题"读"

"书看了，很好，但还是不知道该怎么做！"——正常，实践没有那么容易。参加作者见面会，带着自己的问题，现场指点很重要！

操作方法：作者见面会每月都有，不收取任何费用。加入我们的微信公号

(bookgood2005)查看或给 bookgood2014@126.com 发封邮件,咨询详情。

微信、书摘邮件,天天点滴"读"

"书太厚,不容易读"——通过我们的微信公号(bookgood2005)或者你的个人邮箱,你每周都会收到2次博瑞森书的精品书摘,三五百字,便于精华快速地吸收。

操作方法:加入我们的微信公号,或回复你的邮箱地址即可。

更多方式的"读"

我们知道,以上这些还远远不够,你的感受、不满随时告诉我们(13611149991,bookgood@126.com),我们一起创造更多、更精彩的"读"……

分类导读图+书目

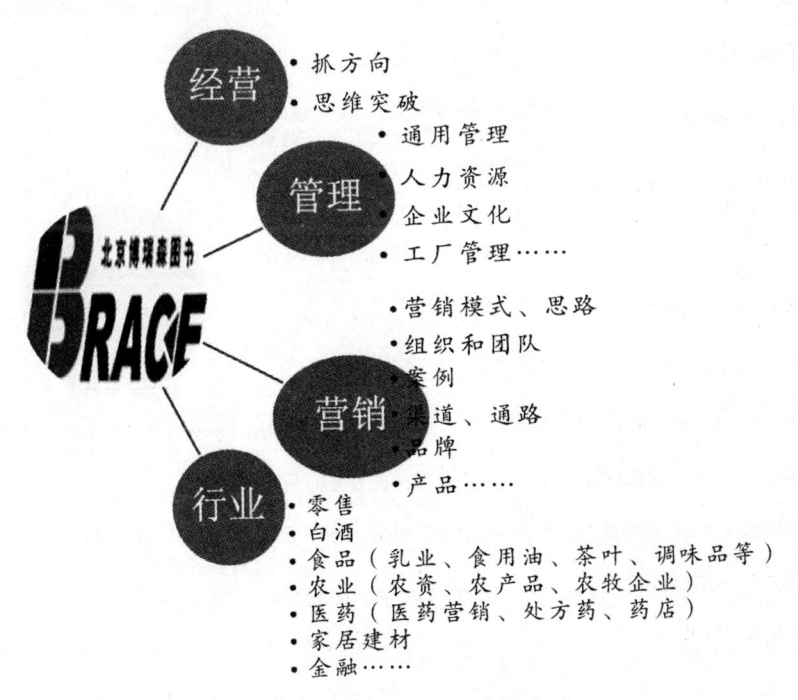

经营
- 抓方向
- 思维突破

管理
- 通用管理
- 人力资源
- 企业文化
- 工厂管理……

营销
- 营销模式、思路
- 组织和团队
- 案例
- 渠道、通路
- 品牌
- 产品……

行业
- 零售
- 白酒
- 食品(乳业、食用油、茶叶、调味品等)
- 农业(农资、农产品、农牧企业)
- 医药(医药营销、处方药、药店)
- 家居建材
- 金融……

更多实战好书,请关注"博瑞森图书直营店—淘宝网"

http://qiyeshudian.taobao.com/

行业类：零售、白酒、食品/快消品、农业、医药、建材家居

	书名．作者	内容/特色	读者价值
零售	涨价也能卖到翻 村松达夫　【日】	提升客单价的15种实用、有效的方法	日本企业在这方面非常值得学习和借鉴
	1. 总部有多强大，门店就能走多远 2. 超市卖场定价策略与品类管理 3. 连锁零售企业招聘与培训破解之道　【3待出版】 IBMG国际商业管理集团　著	国内外标杆企业的经验＋本土实践量化数据＋操作步骤、方法	通俗易懂，行业经验丰富，宝贵的行业量化数据，关键思路和步骤
	零售：把客流变成购买力 丁昀　著	如何通过不断升级产品和体验式服务来经营客流	如何进行体验营销，国外的好经营，这方面有启发
白酒	变局下的白酒企业重构 杨永华　郭旭　著	帮助白酒企业从产业视角看清趋势，找准位置，实现弯道超车的书	行业内企业要减少90%，自己在什么位置，怎么做，都清楚了
	1. 白酒营销的第一本书 2. 白酒经销商的第一本书 唐江华　著	华泽集团湖南开口笑公司品牌部长，擅长酒类新品推广、新市场拓展	扎根一线，实战
食品	乳业营销第一书 侯军伟　著	对区域乳品企业生存发展关键性问题的梳理	唯一的区域乳业营销书，区域乳品企业一定要看
	食用油营销第一书 余胜　著	10多年油脂企业工作经验，从行业到具体实操	食用油行业第一书，当之无愧
	中国茶叶营销第一书 柏龑　著	如何跳出茶行业"大文化小产业"的困境，作者给出了自己的观察和思考	不是传统做茶的思路，而是现在商业做茶的思路
	变局下的快消品营销实战策略 杨永华　著	通胀了，成本增加，如何从被动应战变成主动的"系统战"	作者对快消品行业非常熟悉、非常实战
	调味品营销第一书 陈小龙　著	国内唯一一本调味品营销的书	唯一的调味品营销的书，调味品的从业者一定要看
农业	农资营销实战全指导 张博　著	农资如何向"深度营销"转型，从理论到实践进行系统剖析，经验资深	朴实、使用！不可多得的农资营销实战指导
	农产品营销第一书 胡浪球　著	从农业企业战略到市场开拓、营销、品牌、模式等	来源于实践中的思考，有启发
	变局下的农牧企业成长9大策略 彭志雄　著　【待出版】	食品安全、纵向延伸、横向联合、品牌建设等	唯一的农牧企业经营实操的书，农牧企业一定要看
医药	新医改下医药营销与团队管理 史立臣　著	探讨新医改对医药行业的系列影响和医药团队管理	帮助理清思路，有一个框架
	医药营销与处方药学术推广 马宝琳　著	如何用医学策划把"平民产品"变成"明星产品"	有真货、讲真话的作者，堪称处方药营销的经典！
	新医改了，药店就要这样开 尚锋　著	药店经营、管理、营销全攻略	有很强的实战性和可操作性
建材家居	建材家居营销实务 程绍珊　杨鸿贵　主编	价值营销运用到建材家居，每一步都让客户增值	有自己的系统、实战
	建材家居门店销量提升 贾同领　著	店面选址、广告投放、推广助销、空间布局、生动展示、店面运营等	门店销量提升是一个系统工程，非常系统、实战
工业品	工业品解决方案营销真案例 刘祖轲　著　【待出版】	用10个真案例讲明白什么是工业品的解决方案式营销，实战、实用	有干货，真正操作过的才能写得出来
	变局下的工业品企业7大机遇 叶敦明　著　【待出版】	产业链条的整合机会、盈利模式的复制机会、营销红利的机会、工业服务商转型机会……	工业品企业还可以这样做，思维大突破
金融	精品银行管理之道 崔海鹏　何屹　主编	中小银行转型的实战经验总结	中小银行的教材很多，实战类的书很少，可以看看

续表

经营类：企业如何赚钱，如何抓机会，如何突破，如何"开源"

	书名．作者	内容/特色	读者价值
抓方向	让经营回归简单．升级版 宋新宇 著	化繁为简抓住经营本质：战略、客户、产品、员工、成长	经典，做企业就这几个关键点！
	公司由小到大要过哪些坎 卢 强 著	老板手里的一张"企业成长路线图"	现在我在哪儿，未来还要走哪些路，都清楚了
	企业二次创业成功路线图 夏惊鸣 著	企业曾经抓住机会成功了，但下一步该怎么办？	企业怎样获得第二次成功，心里有个大框架了
	老板经理人双赢之道 陈 明 著	经理人怎养选平台、怎么开局，老板怎样选/育/用/留	老板生闷气，经理人牢骚大，这次知道该怎么办了
	企业文化的逻辑 王祥伍 黄健江 著	为什么企业绩效如此不同，解开绩效背后的文化密码	少有的深刻，有品质，读起来很流畅
	使命驱动企业成长 高可为 著	钱能让一个人今天努力，使命能让一群人长期努力	对于想做事业的人，'使命'是绕不过去的
思维突破	跳出同质思维，从跟随到领先 郭 剑 著	66个精彩案例剖析，帮助老板突破行业长期思维惯性	做企业竟然有这么多玩法，开眼界
	7个转变，让公司3年胜出 李 蓓 著	消费者主权时代，企业该怎么办	这就是互联网思维，老板有能这样想，肯定倒不了
	麻烦就是需求 难题就是商机 卢根鑫 著	如何借助客户的眼睛发现商机	什么是真商机，怎么判断、怎么抓，有借鉴

管理类：效率如何提升，如何实现经营目标，如何"节流"

	书名．作者	内容/特色	读者价值
通用管理	1. 让管理回归简单．升级版 2. 让用人回归简单．升级版 3. 让经营回归简单．升级版 宋新宇 著	宋博士的"简单"三部曲，影响20万读者，非常经典	被读者热情地称作"中小企业的管理圣经"
	边干边学做老板 黄中强 著	创业20多年的老板，有经验、能写、又愿意分享，这样的书很少	处处共鸣，帮助中小企业老板少走弯路
	阿米巴经营的中国模式 李志华 著	让员工从"要我干"到"我要干"，价值量化出来	阿米巴在企业如何落地，明白思路了
	欧博心法：好管理靠修行 曾 伟 著	用佛家的智慧，深刻剖析管理问题，见解独到	如果真的有'中国式管理'，曾老师是其中标志性人物
	1. 用流程解放管理者 2. 用流程解放管理者2 张国祥 著	中小企业阅读的流程管理、企业规范化的书	通俗易懂，理论和实践的结合恰到好
人力资源	走出薪酬管理误区 全怀周 著	剖析薪酬管理的8大误区，真正发挥好枢纽作用	值得企业深读的实用教案
	回归本源看绩效 孙 波 著	让绩效回顾"改进工具"的本源，真正为企业所用	确实是来源于实践的思考，有共鸣
	集团化人力资源管理实践 李小勇 著	对搭建集团化的企业很有帮助，务实，实用	最大的亮点不是理论，而是结合实际的深入剖析
	人才评价中心．超级漫画版 邢 雷 著	专业的主题，漫画的形式，只此一本	没想到一本专业的书，能写成这效果
	我的人力资源咨询笔记 张 伟 著	管理咨询师的视角，思考企业的HR管理	通过咨询师的眼睛对比很多企业，有启发
	本土化人力资源管理8大思维 周 剑 著	成熟HR理论，在本土中小企业实践中的探索和思考	对企业的现实困境有真切体会，有启发
企业文化	华夏基石方法：企业文化落地本土实践 王祥伍 谭俊峰 著	十年积累、原创方法、一线资料，和盘托出	在文化落地方面真正有洞察，有实操价值的书
	企业文化的逻辑 王祥伍 著	为什么企业之间如此不同，解开绩效背后的文化密码	少有的深刻，有品质，读起来很流畅
	企业文化激活沟通 宋杼宸 安琪 著	透过新任HR总经理的眼睛，揭示出沟通与企业文化的关系	有实际指导作用的文化落地读本

续表

分类	书名·作者	内容/特色	读者价值
生产管理	高员工流失率下的精益生产 余伟辉 著	中国的精益生产必须面对和解决高员工流失率问题	确实来源于本土的工厂车间，很务实
	车间人员管理那些事儿 岑立聪 著	车间人员管理中处理各种"疑难杂症"的经验和方法	基层车间管理者最闹心、头疼的事，'打包'解决
	1. 欧博心法：好管理靠修行 2. 欧博心法：好工厂这样管 曾伟 著	他是本土最大的制造业管理咨询机构创始人，他从400多个项目、上万家企业实践中锤炼出的欧博心法	中小制造型企业，一定会有很强的共鸣
	欧博工厂案例1：生产计划管控对话录 欧博工厂案例2：品质技术改善对话录 欧博工厂案例3：员工执行力提升对话录 曾伟 著【待出版】	最典型的问题、最详尽的解析，工厂管理9大问题27个经典案例	没想到说得这么细，超出想象，案例很典型，照搬都可以了

营销类：把客户需求融入企业各环节，提供"客户认为"有价值的东西

分类	书名·作者	内容/特色	读者价值
营销模式	变局下的营销模式升级 程绍珊 叶宁 著	客户驱动模式、技术驱动模式、资源驱动模式	很多行业的营销模式被颠覆，调整的思路有了！
	卖轮子 科克斯【美】	小说版的营销学！营销核心理念巧妙贯穿其中，贵在既有趣，又有深度	经典、有趣！一个故事读懂营销精髓
	弱势品牌如何做营销 李政权 著	中小企业虽有品牌但没名气，营销照样能做的有声有色	没有丰富的实操经验，写不出这么具体、详实的案例和步骤，很有启发
组织和团队	升级你的营销组织 程绍珊 吴越舟 著	用"有机性"的营销组织力替代"营销能人"，把营销团队变成"铁营盘"	营销队伍最难管，程老师不愧是营销第1操盘手，步骤、方法都很成熟
	用数字解放营销人 黄润霖 著	通过量化帮助营销人员提高工作效率	作者很用心，很好的常备工具书
	成为优秀的快消品区域经理 伯建新 著	37个"怎么办"分析区域经理的工作关键点	可以作为区域经理的'速成催化器'
	一位销售经理的工作心得 蒋军 著	一线营销管理人员想提升业绩却无从下手时，可以看看这本书	一线的真实感悟
案例	我们的营销真案例 联纵智达研究院 著	五芳斋粽子从区域到全国/诺贝尔瓷砖门店销量提升/利豪家具出口转内销/汤臣倍健的营销模式/娃哈哈联销体	选择的案例都很有代表性，实在、实操！
	招招见销量的营销常识 刘文新 著	如何让每一个营销动作都直指销量	适合中小企业，看了就能用
产品	产品炼金术 史贤龙 著	帮助企业对打造畅销产品有一个全局性、框架性的认识	必须具备的思维和方法，避免在产品上再犯大的错
品牌	中小企业如何建品牌 梁小平 著	中小企业建品牌的入门读本，通俗、易懂	对建品牌有了一个整体框架
	采纳方法：破解本土营销8大难题 朱玉童 编著	全面、系统、案例丰富、图文并茂	希望在品牌营销方面有所突破的人，应该看看
渠道通路	传统行业如何用网络拿订单 张进 著	给老板看的第一本网络营销书	适合不懂网络技术的经营决策者
	采纳方法：化解渠道冲突 朱玉童 编著	系统剖析渠道冲突，21个最新的渠道冲突案例、情景式讲解，37篇专题讲义	系统、全面
	快消品营销与渠道管理 谭长春 著	将快消品标杆企业渠道管理的经验和方法分享出来	可口可乐、华润的一些具体的渠道管理经验，实战

华夏基石丛书

书名及作者	内容简介
农资营销实战全指导 张博 著	农资营销实战的第1本书！如何找到提高销售效率和服务价值的营销模式是整个农资行业的重要命题,而本书就为您提供了完美答案
升级你的营销组织 程绍珊 吴越舟 著	本土第1部营销组织实战专著,用有机性的营销组织力代替"营销能人",打造战略统一、策略灵活、执行力强的高绩效营销队伍
精品银行管理之道 崔海鹏 何屹 主编	本书提出打造精品银行是中小银行发展的战略选择,并从产品、业务、经营、客户、风险、团队等多个角度入手,全面又贴合实际地为读者提供行之有效的方法
建材家居营销实务:新环境、新战法 程绍珊 杨鸿贵 主编	站在营销模式创新的角度,为行业、企业营销开辟了一条新道路,并提供了具体的操作方法与参考案例供读者切实学习使用
华夏基石方法:企业文化落地本土实践 王祥伍 谭俊峰 著	作者10年积累、原创方法、一线资料,毫无保留奉献,是企业文化落地真正有洞察力和实操价值的一本书
企业文化的逻辑 王祥伍 著	从这部书里,可以透彻了解文化、了解企业文化的根源,同时又不是高深和脱离实际的学术观点,读者会从中获得知识、得到点拨,或是感叹原来如此
阿米巴经营的中国模式 李志华 著	阿米巴经营理论来自于管理学泰斗稻盛和夫,本书将该理论进行了中国本土化的发散和拓展,形成一套专业完整的体系,具有很强的工具性及学术、实战价值
集团化人力资源管理实践 李小勇 著	系统性阐述了集团化人力资源管理方面的内容,适合集团企业的人力资源专业人员阅读学习
老板、经理人双赢之道 陈明 著	从企业家和经理人尤其是"空降经理人"共生的角度出发,发现问题、化解矛盾,让沟通变得简单、透明,让双方实现共赢
快消品营销与渠道管理 谭长春 著	本书立足快消品行业,帮助老板、营销总监、区域经理等各层管理者解决自己日常涉及的员工管理和渠道管理事务
走出薪酬管理误区 全怀周 著	本书梳理了薪酬体系构建中常见的8个误区,针对这8个误区,分别给出分析和解决方法
回归本源看绩效 孙波 著	企业对于绩效管理的应用可能进入了神秘化和技术化的误区,本书回归绩效管理的概念和本质,梳理绩效与企业经营的关系
企业文化激活沟通 宋杼宸 安琪 著	企业文化对于组织沟通状况的影响是根本性的。本书系统阐述沟通与企业文化的关系,帮助企业构建提升沟通效能的企业文化解决方案
华夏基石方法:人才评价中心(超级漫画版) 邢雷 朱军梅 郑雪琴 张小斐著	国内第一本用漫画形式写的人才测评专业书籍
企业二次创业成功路线图 夏惊鸣 著	本书是对企业发展中的一个具体阶段的思考,即从机会主义转向战略成长过程中的经营和管理问题的梳理
我的人力资源咨询笔记 张伟 著	管理咨询师的视角,思考企业的HR管理
变局下的营销模式升级 程绍珊 叶宁 著	客户驱动模式、技术驱动模式、资源驱动模式,很多行业的营销模式被颠覆,调整的思路有了
变局下的农牧企业9大成长策略 彭志雄 著	唯一的农牧企业经营实操的书,农牧企业一定要看